Junge
Mütter

Junge Mütter
Lebensgeschichten

Verein AMIE Basel (Hg.)
Christoph Merian Verlag

Inhalt

Inhalt

Lucia

«Ich passe nicht ins Bild, aber das stört mich nicht»

Lucia wollte ihre Schwangerschaft abbrechen. Heute trägt sie den Namen ihrer Tochter stolz als Tattoo auf ihrem Bauch.

17

Lucia

«Ich wollte eigentlich nie Mutter werden», sagt Lucia –
und zieht ihrer Tochter die rosa Stiefelchen an. Es ist
7 Uhr. Die zweijährige Lucy ist alles andere als ein
Morgenmuffel. Sie spielt mit ihrem ‹Bäbi› und versucht
sich mit ihrem Leuchtmikrofon als Sängerin, während
die Mama ihre widerspenstige Lockenpracht mit einem
Spray bändigt und sie dann zu einem Zopf bindet.

Früh aufzustehen ist für Mutter und Tochter Alltag. Täglich bringt Lucia die kleine Lucy ins Tagesheim, um sich in Ruhe um eine Lehrstelle bemühen zu
können. Lucia besucht Kurse des Vereins AMIE, zusammen mit Müttern, die wie sie jung sind und keine
Ausbildung haben. Hätte man ihr vor zwei Jahren gesagt, dass sie einmal in dieser Situation sein werde –
sie hätte gelacht.

Lucia ist zwanzig Jahre alt. Sie lebt mit Lucy, einem
guten Freund und vier Katzen in der Baselbieter Kan-
tonshauptstadt Liestal. Es ist eine Wohngemeinschaft
mit Einkaufsliste am Eingang und getrennten Bädern.
Lucia zog erst vor Kurzem hierher, in Basel fand sie
keine Wohnung. Lucys Vater hat die kleine Familie verlassen, als sie noch ein Säugling war. «Es war ihm zu
viel», sagt Lucia. Dreieinhalb Jahre waren sie und Lucys
Vater ein Paar. Sie hatten sich über eine gemeinsame
Freundin kennengelernt, es funkte sofort. Trotz Distanz
hielt die Liebe. Er besuchte Lucia oft in Basel, sie fuhr
regelmässig zu ihm nach Nordrhein-Westfalen.

Lucia

Lucia hofft, dass ihr Ex-Freund seine Meinung eines Tages ändern und wenigstens den Kontakt zur gemeinsamen Tochter suchen wird. Sie will nicht, dass ihre Kleine wie sie selbst ohne Nähe zum Vater aufwächst. Überhaupt wünscht sie sich eine bessere Kindheit und Jugend für Lucy, als sie selbst hatte. Sie möchte ihrer Tochter Geborgenheit geben und sie unterstützen. «Die Zeit, die wir zusammen verbringen können, möchte ich richtig auskosten.»

Es ist ein steiler Hang, der zum Tagesheim führt. Lucia stösst den Kinderwagen routiniert vor sich her und redet dazu, ohne zu keuchen. «Wenn die Kinder im Tagesheim frei spielen dürfen, fährt Lucy ihre Puppe im Stubenwagen umher», erzählt sie. «Die Puppe muss immer bei ihr sein.» Es ist stockdunkel und kalt.

Auf dem Kinderwagen-Parkplatz hebt sie Lucy aus dem Wagen und nimmt sie bei der Hand. Sie betreten das Tagesheim durch den Keller, wo sich die Garderobe befindet. «Füsschen bitte», sagt Lucia und zieht Lucy die Stiefelchen aus. Ihre Finken liegen schon parat. «Schlüpf hinein.» Lucy tut, was die Mama sagt. Oben vor dem Spielzimmer übergibt die junge Mutter ihr Kind einer gleichaltrigen Frau. «Mit den Angestellten verstehe ich mich gut», sagt Lucia, «bloss mit den anderen Eltern kann ich nicht viel anfangen.» Als sie Lucy zum ersten Mal hierhergebracht hat, fragte ein Vater: «Sind Sie neu hier?» Er dachte, Lucia sei eine Angestellte. «Ich passe

Lucia

«Als Lucy aber da war, blies ich alles ab. Ich hätte sie niemals weggeben können.»

nicht ins Bild, aber das stört mich nicht.» Zum Abschied
gibt Lucy ihrer Mutter ein Küsschen auf die Wange.

Lucia hätte sich gegen das Baby entschieden. Aber
es war zu spät. «Ich habe erst im siebten Monat erfahren, dass ich schwanger bin», sagt sie. Vorher habe sie
gespürt, dass etwas anders war. «Ich wollte es aber nicht
wahrhaben.» Die Periode sei nie ausgeblieben, bloss das
Gefühl sei anders gewesen. «Kaum war klar, was los ist,
wurde mir übel – und der Bauch, der wurde auch plötzlich ganz rund.»

Lucia wuchs ohne Vater auf. Die Eltern haben sich
getrennt, als die Kinder klein waren. Sie sahen sich
nur selten. «Trotzdem hätte ich mir gewünscht, dass
mein Vater seine Enkelin wenigstens einmal im Arm
gehalten hätte.» Doch er starb, bevor es so weit kam.
«Wenigstens hat er ein Foto von Lucy gesehen, bevor er
ging.» Die schwangere Tochter sah er indes nie. Das
letzte Telefongespräch mit ihrem Vater führte Lucia an
ihrem achtzehnten Geburtstag. Sie sagte ihm nichts
von der Schwangerschaft. Kurz nach dem Geburtstag
wurde sie wegen Komplikationen frühzeitig ins Spital
eingeliefert.

«Ich konnte nur noch mit dem Rollstuhl auf die
Toilette», erinnert sie sich. Zu diesem Zeitpunkt war für
sie klar, dass sie das Baby direkt nach der Geburt in
eine Pflegefamilie geben würde. Alles war schon aufge-
gleist, die Pflegefamilie freute sich auf den Familienzu-

wachs. «Als Lucy aber da war, blies ich alles ab. Ich hätte
sie niemals weggeben können. Das Gefühl, das eigene
Kind im Arm zu halten, ist unbeschreiblich. Unbeschreiblich schön.» Die Pflegefamilie sei nicht erstaunt gewesen
über ihre Entscheidung.

Lucia sagt über sich selbst, sie sei ein wilder Teenager
gewesen. «Ich fiel schon mit dreizehn durch mein Äus-
seres auf», erzählt sie. Blau gefärbtes Haar, Piercings im
Gesicht, dunkle Kleidung. In der Schule in Basel sei sie
gemobbt worden. «Ich habe sehr gelitten, bloss hat das
niemand in meinem Umfeld gemerkt.» Sie habe alles mit
sich selbst ausgemacht, sich abgegrenzt, wenige Freundschaften geschlossen. «Ich war eine Aussenseiterin.» Als
die Mutter mit ihr und ihren beiden Brüdern in ein Dorf
bei Luzern zog, wurde es nicht besser. «Die hatten noch
nie jemanden wie mich gesehen. Ich glaube, sie fanden
mich unheimlich.»

Inzwischen trägt Lucia die Haare schwarz und wirkt
mit ihrer zierlichen Figur und dem Kind an der Hand
alles andere als unheimlich. Die Piercings hat sie von zehn
auf acht reduziert, neulich hat sie sich ihr erstes Tattoo
stechen lassen. «Lucy», steht auf ihrem Bauch. «Dieses
Tattoo werde ich nie bereuen», sagt sie.

Täglich hofft Lucia auf einen positiven Bescheid. Doch
bisher hat sie noch nichts gehört. Vor einigen Wochen
hat sie in einem Schuhgeschäft geschnuppert – das erste
Mal überhaupt geschnuppert. Der Detailhandel entspreche

ihr, weil da immer was los sei. «In einem Büro hingegen würde ich eingehen», sagt sie. Trotz zahlreicher Bewerbungen wurde sie erst zu zwei Gesprächen eingeladen. «Ich denke, alleinerziehende Mütter gelten als unzuverlässig, weil alle meinen, sie müssten sich ständig um das kranke Kind kümmern und würden oft fehlen. Leider habe ich bisher kaum die Gelegenheit bekommen, mich zu erklären.» Im kommenden Sommer will sie um jeden Preis eine Lehre beginnen.

Lucias Mutter ist mit zweiundvierzig Jahren selbst noch nicht alt. Entsprechend sieht sie sich auch nicht als klassische Grossmutter. «Wenn ich ihre Hilfe wirklich brauche, ist sie da», sagt Lucia. Während der Schnupperwoche etwa habe sie Lucy vom Tagesheim abgeholt und sie ins Bett gebracht. «Diese Tage waren nicht leicht für mich, ich sah Lucy ja kaum.» Ihr sei aber klar, dass sie sich bei einer allfälligen Lehre im Detailhandel an solche Situationen gewöhnen muss. «Es geht leider nicht anders.»

Lucia ist keine naive Träumerin, Träume hat sie dennoch. Gern würde sie sich eines Tages zur Piercerin ausbilden lassen und mit einer Freundin ein Studio eröffnen. Ihre Freundin ist Tätowiererin. Ein eigenes Geschäft mit ihr zusammen – das wäre für Lucia das Grösste. «Realistischerweise werde ich in zehn Jahren aber in einem Laden angestellt sein, um mich und Lucy selbst versorgen zu können», sagt sie. Der Sozialhilfe ist sie dankbar, dass sie ihr jetzt hilft, unangenehm sei diese Abhängigkeit aber dennoch. Andere Frauen in derselben Situation zu kennen, mache es leichter.

Von den wenigen Freunden, die Lucia hatte, haben sich die meisten von ihr abgewandt, als Lucy zur Welt kam. «Ich verstehe nicht, weshalb jemand wegen so etwas den Kontakt abbricht – gleichzeitig pfeife ich auf solche Leute», sagt sie. Ihre einstige Aussenseiterrolle hat Lucia stark gemacht. Sie strahlt Ruhe aus bei allem, was sie tut. Sie ist eine liebende Mutter.

Lucia, die nie Kinder wollte, könnte sich inzwischen sogar vorstellen, eines Tages wieder schwanger zu werden – gewollt. «Für Lucy wäre es bestimmt schön, mit einem Geschwisterchen aufzuwachsen», sagt sie. Doch dafür brauche es den richtigen Mann. «Im Moment habe ich kaum Zeit für eine Beziehung», sagt sie. «Aber das eilt ja nicht. Ich bin schliesslich erst zwanzig Jahre alt.»

Djera

«Yeah!»

Nein, es lag nicht an ihrer Blutarmut, dass ihr öfters übel war.
Die Schwangerschaft war eine
frohe Botschaft für Djera – dabei
passte ein Kind gar nicht in ihr
damaliges Leben.

Es war wie in einer Castingshow. Djera gehörte zu den letzten zwölf Kandidatinnen und Kandidaten für die Hauswirtschaftslehrstelle in der Psychiatrie. «Ich wollte den Job unbedingt», sagt sie. Beim Schnuppern lief zunächst alles bestens, die Vorgesetzten waren zufrieden mit der damals Einundzwanzigjährigen. Es störte sie nicht, dass Djera zuvor eine Ausbildung im selben Bereich abgebrochen hatte. «Es zeigte ihnen vielmehr, dass mich der Beruf wirklich interessierte», sagt sie. Aber sie konnte ihr Können nicht zeigen. Im Verlauf der Schnupperwoche wurde ihr übel, sie schlief bei der Arbeit fast ein, fühlte sich krank. Sie ging zum Arzt, glaubte, ihr Zustand hänge mit ihrer Blutarmut zusammen. Sie hatte sich getäuscht. Djera war schwanger.

Der Bürgerkrieg in Angola war noch lange nicht zu Ende, als Djera 1990 zur Welt kam. Die Mutter wollte ihre beiden Töchter in einem sicheren Land aufwachsen lassen. Sie zog mit Djeras älterer Schwester in die Schweiz, vom Vater hatte sie sich damals bereits getrennt. Djera blieb bei den Grosseltern. Als sie neun war, kam sie nach. Mutter und Schwester wohnten in Bern.

Djera lebte sich rasch ein in der neuen Heimat, besuchte eine Fremdsprachenklasse und lernte Berndeutsch. Wörter wie ‹jufle› und ‹gränne› gehörten bald zu ihrem Wortschatz. Sie spricht sie aus, als wäre Berndeutsch ihre Muttersprache. Das sei es auf eine Art

auch, sie fühle sich daheim in der Schweiz. Irgendwann
möchte sie an einen Ort ziehen, der an Frankreich grenzt.

Keyron ist inzwischen fünf Jahre alt. Er mag es
elegant, zieht gerne Anzug und Krawatte an und trägt
gelbe Mokassins. «Am liebsten würde er so in den Kindergarten und ins Tagesheim gehen», sagt Djera, «aber
dort spielt er und macht sich schmutzig, weshalb wir die
schicke Kleidung im Schrank lassen.» Seit Djera wieder
arbeitet, verbringt Keyron die Vormittage im Kindergarten, die Nachmittage im Tagesheim. «Er ist gern um
andere Kinder herum.» Irgendwann werde sie ihm Geschwister schenken.

Djera erinnert sich genau an den Morgen, als ihr der
Arzt mitteilte, die Blutarmut sei nicht schuld an ihrer
Übelkeit und sie habe auch keinen Eisenmangel. «Yeah!»,
habe sie gesagt und vor Freude laut geklatscht, obwohl
ein Kind nicht in ihr damaliges Leben passte. Da war die
Chance auf diese Lehrstelle, der Mann, der inzwischen
ihr Ex-Freund war und bald Vater werden würde, die Tatsache, dass sie erst einundzwanzig war.

Am nächsten Morgen stand das Gespräch mit den Vorgesetzten an. Würde sie die Auserwählte sein für die
Lehrstelle? Oder einer der anderen Kandidaten? Djera
überlegte sich den ganzen Abend, ob sie die Wahrheit
sagen sollte. «Für mich war klar, dass ich die Stelle
schwanger nicht bekommen würde.» Trotzdem entschied
sie sich, ehrlich zu sein. Und wurde dafür belohnt. Sie

bekam die Lehrstelle und durfte die Zeit bis zum Beginn als Praktikantin überbrücken.

«Ich war glücklich», erinnert sie sich. Das Team habe für sie gesorgt, zugelassen, dass sie sich zwischendurch hinlegte, damit ihr und dem Kind ja nichts passieren würde. «Es war megacool, alle waren so lieb zu mir», sagt Djera. Dies habe sie umso mehr geschätzt nach den schlechten Erfahrungen bei der ersten Lehrstelle. Dort sei sie wie ein Stück Dreck behandelt worden – und zwar vom Chef höchstpersönlich. «Ah, da ist ja unser kleines Negerlein», habe dieser fast jeden Morgen gesagt und dazu laut gelacht. Der Gedanke daran macht Djera heute noch traurig. «Dieser Typ war ein Rassist, obwohl er selbst Ausländer war.» Der Leidensdruck wuchs, irgendwann konnte sie nicht mehr. Und kündigte. Es war ihre bisher einzige Erfahrung mit rassistischen Menschen. Trotzdem stand das Glück auch bei der zweiten Lehre nicht auf Djeras Seite. Aus anderen Gründen.

Es ist Samstag, Djera hat frei. Ihr Freund aus Sion ist zu Besuch. Seit sich die beiden vor einigen Monaten ineinander verliebt haben, verbringt er jedes Wochenende bei Djera und Keyron. Für den Kleinen ist der neue Mann in seinem Leben eine Vaterfigur. Die erste überhaupt. Den leiblichen Vater kennt Keyron nicht. Der wollte von Anfang an nichts mit seinem Sohn zu tun haben. «Ich bedaure die Entscheidung meines Ex-Freundes sehr, aber was soll ich tun?», fragt Djera.

Seit sie sich wieder verliebt habe, könne sie besser mit
der Situation umgehen. Denn jetzt sei sie nur noch
«halb alleinerziehend».

Ihr Freund würde gern noch mehr Zeit bei ihr und
Keyron verbringen, doch er arbeitet als Handwerker
in Sion und spielt dort Fussball. Volles Programm, die
ganze Woche. Was bleibt, sind die Wochenenden. Dann
wird gekocht, getanzt, gelacht. Oft gibt es ‹Pondu›, eine
Eintopf-Spezialität aus Zentralafrika.

Djeras Freund stammt wie sie aus Angola. Beide
sind christlich aufgewachsen und beten täglich. In ihrer
Wohnung in Bern-Bethlehem läuft meistens afrikani-
sche Musik mit christlichen Texten. Die Wohnung befindet sich in einem der vielen Wohnblöcke des Quartiers.
Es sind die ersten Wohnblöcke, die in der Schweiz gebaut
wurden. Der kleine Keyron spricht mit seinem Stiefvater
Französisch. Der Stiefvater spricht kein Deutsch. Djera
hat ihren Sohn von Anfang an zweisprachig aufgezogen.
Bloss Portugiesisch, ihre eigentliche Muttersprache, kann
er nicht. «Ich habe ja selbst kaum mehr einen Bezug zu
dieser Sprache, Französisch ist mir näher, da viele unserer Verwandten in der Westschweiz oder in Frankreich
leben», sagt sie.

Vergangenes Jahr ist Djeras Mutter an Diabetes ge-
storben. Sie hinterlässt eine Lücke in Djeras Alltag.
Mit ihrer Schwester hat sie nur begrenzt Kontakt. Sie
haben das Heu nicht auf derselben Bühne. Die meiste

Djera

«Ich bedaure
die Entschei-
dung meines
Ex-Freundes
sehr, aber was
soll ich tun?»

Zeit kümmert sich Djera allein um ihren Sohn. Das tut sie gern, es erschöpft sie aber auch. «Manchmal würde ich am liebsten alles hinschmeissen», sagt sie. «Aber das mache ich natürlich nicht!» In wenigen Wochen schreibt sie die Lehrabschlussprüfung.

Am Anfang ihrer Schwangerschaft verbrachte Djera eine glückliche Zeit. Sie war überzeugt, die Lehre auch mit Kind beenden zu können und froh um die Unterstützung im Team. Nach einigen Monaten aber litt sie unter Bauchkrämpfen, immer und immer wieder. Die Ärzte fanden keine Ursache. Die Werte waren in Ordnung, dem Kind schien es auch gut zu gehen. Doch Djera konnte sich kaum mehr auf den Beinen halten. Sie biss auf die Zähne, ging trotzdem arbeiten, bis es nicht mehr ging und sie daheim bleiben musste. Die Vorgesetzten schlugen ihr vor, die Monate bis zur Geburt zu Hause zu verbringen, dafür aber schon kurz nach Niederkunft wieder einzusteigen. «Die Vorstellung, mein Baby schon als Säugling tagsüber weggeben zu müssen, war schlimm», sagt Djera. Sie entschied sich, den Lehrvertrag aufzulösen.

Die Wassergeburt verlief ohne Komplikationen. «Ich dachte mir nichts dabei, dass ich weinte, bevor Keyron anfing zu schreien», sagt sie. Bald stellten die Ärzte aber fest, dass mit Mutter und Kind etwas nicht stimmte. Was, wussten sie lange nicht. Bis sie den entscheidenden Test machten und die Infektionskrankheit Syphilis feststellten. Djeras Ex-Freund hatte sie angesteckt. Jetzt war

klar, warum Djera über Monate Bauchkrämpfe hatte.
Doch die Lehrstelle zurückerkämpfen war für sie keine
Option. Dafür war es zu spät.

Bis auf die Blutarmut, unter der Mutter und Sohn
leiden, geht es den beiden heute gut. Als Keyron zwei
Jahre alt war, bewarb sich Djera auf eine neue Lehrstelle. Diesmal aber nicht als Fachfrau Hauswirtschaft,
sondern in der Gastronomie. «Es ist mein Traumjob», sagt
sie. Noch arbeitet sie vor allem im Service, ihr Ziel ist
es aber, eines Tages ein eigenes Restaurant zu eröffnen.
Bevor es so weit ist, möchte sie die Ausbildung mit guten
Noten beenden. Und danach wird es Zeit, an Geschwister
für Keyron zu denken. Djeras Freund wünscht sich
Zwillinge und noch ein weiteres Kind dazu. «Mir reicht
vorerst eines», sagt Djera. Diesmal wolle sie als ver-
heiratete Frau gebären. Ihr Freund weiss das und es
entspricht auch seinem Wunsch. Jetzt fehlt nur noch
der Heiratsantrag.

Nina

«Es ist ein gutes Gefühl, nicht mehr auf Drogen zu sein»

Sie lacht sich kaputt, wenn sie die Gesichtsausdrücke von Leuten beobachtet, die unter Drogen tanzen. Doch es ist nicht lange her, dass Nina selbst zu diesen Leuten gehörte.

«Ich hatte eine gute Kindheit», sagt Nina. «Trotzdem
geriet ich als Teenager in falsche Kreise.» Sie schweigt.
Und denkt zurück an damals, als Partys ihr Leben
bestimmten. «Meine Eltern kamen nicht mehr an mich
heran, obwohl sie es versuchten», sagt sie. Zunächst
mochte Nina Hip-Hop, später Goa-Trance. Beide Szenen
seien nicht zimperlich, wenn es um Drogen geht. Die
Goa-Szene gäbe es in ihrer Form kaum, wären keine
Drogen im Spiel. Man trifft sich in Clubs oder im Wald,
tanzt zu psychedelischem Sound, konsumiert. Nina
lacht. «Wenn ich mir vorstelle, dass ich auf dem Trip
auch ein solch verzerrtes Gesicht gemacht habe wie die
anderen beim Tanzen, lach ich mich schlapp», sagt sie.
Nach wie vor besucht sie Goa-Clubs, doch stets nüchtern.
«Es ist ein gutes Gefühl, nicht mehr drauf zu sein, alles
wahrnehmen zu können.»

Nina geht nur noch wegen der Musik hin. Und wegen
mancher Kollegen von damals. Wenn sie diese nachmit-
tags zum Kaffee trifft oder mit ihnen am See spaziert, ist
die Goa-Szene weit weg. «Ich habe schliesslich Verantwortung zu tragen», sagt sie. Und diese Verantwortung,
die hat einen Namen: Alessio.

Der Junge ist vier Monate alt, Nina ist jetzt zwanzig. Sie lebt nicht mehr bei ihrer Familie im Kanton
Schwyz, sondern am anderen Ufer des Vierwaldstätter-
sees im nidwaldischen Hergiswil. Das Haus, in dem
sie wohnt, fällt mit seiner gelblichen Fassade und dem

Biberschwanzdach kaum auf. Etwas aber unterscheidet
es von den anderen Häusern: Hier leben und arbeiten
nur Frauen. Die einzigen männlichen Wesen sind Babys
oder Kleinkinder.

Vor einem halben Jahr zog Nina mit einem dicken
Bauch ins Haus für Mutter und Kind. Alessio wurde
hier geboren. Er hat bisher kaum etwas anderes gesehen
als diese Umgebung. Den ganzen Tag kümmert sich
mindestens eine Frau um ihn, oft ist er ins Tragetuch
einer Mitarbeiterin gewickelt oder grössere Kinder spielen in seiner Nähe. Und das Wichtigste: Sein Mami ist
immer im Haus. Entweder arbeitet Nina in der Küche,
kümmert sich um Reinigungsarbeiten oder schaut zu
den Kindern. «Der Küchenjob gefällt mir am besten, ich
habe das Kochen für mich entdeckt.» Ihr Lieblingsmenü:
Pasta Cinque Pi. Früher ass Nina nur Fast Food, wenn
sie überhaupt etwas ass.

«Alessio hat alles verändert», sagt sie. «Und das ist
megaschön.» Das Stillen sei ein einzigartiges Erlebnis
gewesen. «Ich habe während der Stillzeit eine starke Bindung zu Alessio aufgebaut.» Inzwischen trinkt der Bub
aus dem Schoppen. Nina ist darauf bedacht, ihn pünkt-
lich zu füttern. «Aber wir müssen schauen, dass er nicht
noch mehr zunimmt.» Der Kleine wiegt über acht Kilo,
das liege an der oberen Grenze für seine Grösse und sein
Alter. Er sieht gesund aus, ein richtiger Wonneproppen.
Auch Nina hat in der Schwangerschaft ein paar Kilo zu-

Nina

«Wir lassen uns Zeit mit der Hochzeit. Zuerst müssen wir unser Leben in den Griff bekommen.»

gelegt. Sie ist jetzt eine junge Frau mit einer gesunden Figur. Das war mal anders.

«Meine Mitschüler haben mich Knochengerüst genannt, sie haben mich massiv gemobbt», sagt sie. Als sie fünfzehn war, erkrankte zudem ihr Vater schwer. Nina driftete ab. «Ich ging nur noch zum Schlafen nach Hause.» Sie verbrachte viel Zeit mit ihrem Freund, ihrem jetzigen Verlobten. Eines Nachts nach einer Goa-Party ist es passiert. «Ich nahm die Pille seit einigen Tagen nicht mehr, da ich Hautausschläge davon bekam.» Eigentlich wollte sie zur Frauenärztin gehen, ein anderes Rezept holen. Dazu kam es nicht.

Nina besucht an zwei halben Tagen einen Vorkurs von MiA-Innerschweiz, einem Projekt für junge Mütter ohne Ausbildung. Während des einjährigen Programms, das nach den Sommerferien beginnt, wird sie eine Lehrstelle suchen. «Etwas mit Fitness» soll es sein. Gern würde sie mit Bewohnerinnen und Bewohnern in Altersheimen arbeiten.

Es war Sommer, vor gut einem Jahr. Nina badete mit ihrem Freund in der Limmat, als dieser plötzlich sagte: «Jetzt mach den Test!» Ein gemeinsamer Kollege hatte Nina aufgezogen, sie werde dicker und dicker, sie sei bestimmt schwanger. «Ich spürte auch, dass etwas anders war», sagt sie. Da sie die Periode aber schon immer unregelmässig hatte, wollte sie abwarten. Doch ihr Freund drängte und drückte ihr den Test, den er gekauft hatte, in die Hand. «Mach jetzt!» Wenig später hatten die beiden Gewissheit. Schwanger! «Wir freuten uns mega, hatten keine Angst oder so, nur Freude», sagt Nina. Ihre Eltern freuten sich trotz aller Widrigkeiten ebenfalls. Nina war neunzehn Jahre alt, hatte einen Schulabschluss und sonst nichts. Sie ging an Partys.

«Von diesem Tag an der Limmat an nahm ich keine Drogen mehr», sagt sie. «Und ich fing an, Früchte und Gemüse zu essen, das kam automatisch, es war wie ein Instinkt. Da war nicht mehr nur ich, da war auch dieses Menschlein in meinem Bauch.» Abtreiben sei keine Sekunde ein Thema gewesen. «Hätte ich das getan, ginge es meiner Psyche für den Rest meines Lebens schlecht», sagt sie. Angst hatte sie einzig davor, ihr Freund könnte sich «verpissen», sobald der Kleine auf der Welt ist. Das tat er nicht.

Vor einem Monat hat er um Ninas Hand angehalten. Seither trägt sie einen silbernen Ring mit Glitzersteinchen. Der Ring passt nicht so ganz zu Ninas restlichem Schmuck, der aus Piercings und ‹Tunnel›-Ohrringen besteht. Hergeben würde sie den Ring aber nicht mehr. «Wir lassen uns Zeit mit der Hochzeit», sagt sie. «Zuerst müssen wir unser Leben in den Griff bekommen.»

Ninas Freund wanderte mit neunzehn Jahren von Süditalien in die Schweiz aus. Seine Mutter lebte bereits hier. Die Ausbildung, die er in Italien absolviert hatte, zählte in der Schweiz nicht. Er schlug sich mit Gelegenheitsjobs durch. Alessios Geburt hat ihn motiviert, sich um eine Lehrstelle zu bemühen. Die Sozialhilfe unterstützt ihn bei der Suche, noch kann er sich aber keine eigene Wohnung leisten. Nina und er wollen erst zusammenziehen, wenn sie selbst für den gemeinsamen Sohn sorgen können. «Wir haben Angst, dass ihn uns die Behörden sonst wegnehmen», sagt sie. Sie möchte so lange im Haus für Mutter und Kind bleiben, bis sie auf eigenen Beinen stehen kann. Oder zumindest die Gefahr nicht mehr besteht, dass Alessio in eine Pflegefamilie kommen könnte.

Ninas Vater ist inzwischen wieder gesund. Er und Ninas Mutter besuchen sie regelmässig in Hergiswil. «Vor allem wegen Alessio», sagt Nina. An den Wochenenden darf sie mit dem Baby nach Hause gehen. Die Wohnung ist ziemlich eng, weshalb Nina und Alessio nicht dauerhaft dort wohnen können. «Mir ist es recht», sagt Nina. Sie wohnt gern im Haus für Mutter und Kind, weil sie mit anderen Frauen in ähnlichen Situationen zusammen sein kann. «Und weil ich hier Strukturen bekomme. Beispielsweise muss ich endlich lernen, mein Zimmer aufzuräumen.» Sie lacht. «Ich habe ein ernsthaftes Aufräumproblem, ich bin zu faul dafür.»

Sie werden eines Tages in Zürich leben, ist Nina sicher. In der grossen Stadt, wo es genug Arbeit gibt und Kinderkrippen, die Limmat zum Baden und einen See wie überall, wo Nina bisher gewohnt hat. «Und vielleicht

bekommt Alessio eines Tages ein Geschwisterchen», sagt
sie. Vorerst müsse er aber als Einzelkind aufwachsen,
das sei klar. Nina wird nachdenklich. «Ich habe Angst vor
seiner Reaktion, wenn er merkt, in was für einer unge-
rechten Welt er lebt», sagt sie. Ihr Freund und sie seien
darauf bedacht, ehrlich zu sein, auch was Drogen angeht.
«Alessio soll wissen, wie gefährlich das ist und mit uns
über alles reden können.» Sie möchte nicht, dass ihr Sohn
wird wie so viele andere Menschen. «Hinterfotzig» nennt
Nina das. «Viele Menschen verstellen sich.» Sie fragt
sich, warum das so ist. Sie sei immer sich selbst. «Daran
wird sich nichts ändern. Ich will ja ein gutes Vorbild
sein für Alessio.»

Daniela

«Ich bin gemacht für so etwas»

Als Daniela Mutter wurde, warnte man sie vor Erschöpfung und Stress. Obwohl sie ihren Teenager-Sohn allein grosszieht und viel arbeitet, ist ihr dieses Gefühl bis heute fremd.

Daniela

In Lucas Klasse gibt es einen Jungen, dessen Mutter schon bald sechzig Jahre alt ist. Sogar Lucas Oma ist jünger. Seine Mutter sowieso. Luca findet es «cool», ein junges Mami zu haben. «Sie kann mit dem Handy umgehen und wenn ich ihr erkläre, wie ein Computer Game läuft, versteht sie es», sagt der dreizehnjährige Sekundarschüler.

Luca und seine Mutter sind eine Familie. Die Harmonie zwischen den beiden ist greifbar in der Dreizimmerwohnung in einem Basler Wohnquartier. Mittelpunkt des Wohnzimmers ist ein gemütliches Kuschelsofa. In der Ecke steht der Esstisch mit dazugehöriger Bank. Es gibt Ravioli, Salat und Eistee zum Mittagessen. Luca räumt seinen Teller selbst in die Küche. Hier weiss jeder, was er zu tun hat. An der Wand hängen Fotos von Luca. Luca als Baby, als Kleinkind, als Primarschüler, Luca im jetzigen Alter mit gebleichtem Haar und mit seiner Mutter.

Daniela war achtzehn Jahre alt, als sie nach einer Umstellung von einem Verhütungsring auf die Anti-Baby-Pille schwanger wurde. Als der Schwangerschaftstest wider Erwarten zwei Striche anzeigte, war sie überrascht, aber nicht schockiert. Der Vater des Kindes war nicht das, was man als festen Freund bezeichnen könnte, aber auch kein One-Night-Stand. «Es war eine Liebelei», sagt Daniela. Eine Liebelei, die schon in den ersten Wochen der Schwangerschaft klarstellte: «Mit mir kannst du nicht rechnen, wenn du das Kind behältst.»

Daniela

Daniela hat das akzeptiert. Luca wächst ohne Vater auf. Hat den Mann noch nie bewusst gesehen. Nur einmal, als er vier war. Erinnern kann er sich nicht.

Seit Lucas Geburt 2004 trägt Daniela einen Stempel auf der Stirn, sagt sie. «Dieser kennzeichnet mich nicht als junge Mutter, sondern als Alleinerziehende.» Ihr Alter hätte die Menschen nie gross interessiert, «sie fanden höchstens Bewunderung dafür», sagt sie. Als Alleinerziehende aber habe sie sich ständig sagen lassen müssen, dass die Doppelbelastung auf Dauer zur Erschöpfung führen würde. Daniela konnte nie recht verstehen, was die Leute meinten. «Ich bin, glaube ich, einfach gemacht für so etwas.» Gemacht dafür, den Kopf 24 Stunden beieinander haben zu müssen, sich nie einfach gehen lassen zu können, immer da zu sein.

Die Liebe interessiert Luca noch nicht. Lieber schaut er Serien oder geht mit seiner Mutter ins Kino. Ausserdem muss er nun wohl oder übel auch in der Freizeit für die Schule lernen. Früher ging ihm alles locker von der Hand, jetzt wird es strenger und Lernen ist fester Bestandteil seiner Nachmittage. «Ich weiss immer, bei wem er gerade lernt», sagt Daniela. Luca hält sich an die Vereinbarung, die Mutter per Handy auf dem Laufenden zu halten. Manchmal geht er nach der Schule ins Tagesheim, das Daniela inzwischen leitet.

Es war ein harter Weg, von aussen betrachtet jedenfalls. Daniela selbst hat ihren Weg nie als hart oder an-

Daniela

«Ich wusste nie recht, worüber ich mit den anderen Müttern reden sollte.»

strengend empfunden. Als Luca zur Welt kam, ging sie noch zur Schule. Ihre Mutter kümmerte sich häufig um den Jungen. Nach dem Mittelschulabschluss besuchte sie Kurse des Vereins AMIE und lernte Frauen kennen, die in der gleichen Situation waren wie sie. Manche hatten Mühe mit der Doppelbelastung, hatten mit Erschöpfung zu kämpfen. Einige haben bis heute keine Ausbildung beendet. Auch für Daniela war es nicht leicht, eine Lehrstelle zu finden. «Eben weil ich Mutter war, und alleinerziehend dazu», sagt sie. Nach etlichen Bewerbungen klappte es dann aber doch noch mit der Lehre als Kinderbetreuerin.

Während seine Mutter arbeitete, verbrachte Luca viel Zeit bei einem Freund. «Ich gehörte auch dort zur Familie», sagt er. Inzwischen haben sich die Teenager aus den Augen verloren. Die Zeit damals aber ist Luca noch sehr präsent. «Ich habe seinen Vater ‹D› genannt. Wie man das schreibt, weiss ich nicht, jedenfalls bedeutet ‹D› Papi auf Philippinisch.» Die anderen Klassenkameraden hätten schon manchmal gefragt, wie es so sei, ohne Vater aufzuwachsen. «Ich habe ihnen immer gesagt: Gut, ich kenne ja nichts anderes.» Männliche Bezugspersonen habe er genug. Der Freund seiner Tante und sein Onkel etwa. Mit ihnen spricht er über alles.

Daniela war eine junge Frau, die gern ausging, auch mal tanzte und klare Vorstellungen von ihrem Leben hatte. Mit der Geburt von Luca hätten sich ihre Wertvorstellungen geändert, sagt sie. «Ich hatte kein Bedürfnis mehr, in den Ausgang zu gehen.» Bis heute trifft man sie selten abends in der Stadt. Lieber bleibt sie mit Luca daheim, schaut eine Serie mit ihm, plaudert. «Bei uns zählt die Qualität, nicht die Quantität.» Tagsüber arbeitet sie und sieht ihren Sohn kaum. «Umso mehr schätzen wir die gemeinsame Zeit.» Ein neuer Mann kam den beiden bisher nie in die Quere. «Eine Beziehung passt nicht in mein Leben, noch nicht», sagt Daniela. Sie sei glücklich. «Ich habe mich dem Mamisein verschrieben.» Im Gegensatz zu anderen Frauen in ihrer Situation wolle sie aber kein zweites Kind. Darum eile es auch mit der Liebe nicht. «Wir zwei sind schliesslich bereits eine perfekte Familie.»

Es klingt fast zu gut, um wahr zu sein. Dies ist keine tragische Geschichte einer Frau, die jung, zu jung, Mutter wurde. Es ist auch nicht die Geschichte eines Jungen, dem etwas fehlt. Es ist die Geschichte zweier junger Menschen, die das Leben vor sich haben. «Wenn Luca flügge ist, bin ich immer noch jung», sagt Daniela. Vierzig vielleicht. Oder ein wenig älter. Andere Frauen bekommen dann ihr erstes Kind.

Mit anderen Frauen hat sie täglich zu tun. Mit Müttern und mit jungen Frauen, die – wie sie selbst einst – zur Fachfrau Kinderbetreuung ausgebildet werden. Die Berufsbildung war innerhalb ihres Jobs immer Danielas Leidenschaft – als Lehrling und als Lehrmeisterin. Darum sei es nie belastend gewesen, gleichzeitig Mutter zu sein. «Diese Kombination hat mich zu dem gemacht, was ich heute bin.»

Ja, aber was ist sie denn? Wie fasst man das zusammen? Hatte Daniela einfach Glück? Hat sie sich ihrem Schicksal ergeben? Ist sie von Natur aus ein Mensch, der nicht hadert, eine Frohnatur?

Nach der Schule war Daniela drei Jahre lang auf Sozialhilfe angewiesen. Anders hätte sie ihre «Vision von der eigenen Ausbildung» nicht verwirklichen können. Der Lehrabschluss reichte ihr aber nicht. Zwar war sie froh, endlich auch finanziell auf eigenen Beinen zu stehen, aber sie wollte mehr. Nach einigen Jahren wurde sie zur Verantwortlichen für die Berufsbildung ernannt und dann, vor Kurzem, zur Leiterin des ganzen Hauses.

Noch heute denkt sie oft an den Satz eines ehemaligen Lehrers: «Dass Daniela das Diplom schafft, hätte ich nie gedacht», sagte dieser am Abschlussessen. Das liegt weit über zehn Jahre zurück. Daniela nimmt dem Lehrer die Aussage nicht übel. «Ich war damals noch nicht besonders ehrgeizig.» Das sei sie erst seit Luca.

Luca muss sich bald entscheiden, welchen Beruf er lernen möchte. Die Richtung weiss er, vielleicht auch schon mehr als nur die Richtung. Nachdem er seinen Teller abgeräumt hat, geht er in sein Zimmer und holt seinen Scooter. Beim Zusammenbauen des Mini-Trottinetts habe er gemerkt, wie sehr ihm diese Art der handwerklichen Arbeit liege. Darum: Velomechaniker, vielleicht.

Daniela

Daniela mischt sich nicht in die Berufswahl ein. Der
Junge soll lernen, was ihm Freude macht. «Mir war es
nie wichtig, dass er gut rechnen kann oder besonders
gut lesen», sagt sie. «Am Konkurrenzkampf der Spiel-
platzmütter habe ich nie teilgenommen, was vielleicht an
meinem Alter lag. Mit zwanzig kommuniziert man anders als mit Mitte dreissig.» Das habe sie auch oft festgestellt, wenn sie Luca ins Tagesheim brachte. «Ich wusste
nie recht, worüber ich mit den anderen Müttern reden
sollte.» Aber, typisch Daniela, auch das hat sie nicht als
Problem betrachtet. Sie sei nie auf einen riesigen Freundeskreis erpicht gewesen, sondern zufrieden mit wenigen,
engen Leuten. Vielleicht ist die Harmonie in ihrer kleinen Familie deshalb greifbar. Weil sie echt ist.

Träume hat die junge Mutter trotz aller Zufriedenheit.
Ein eigenes Tagesheim möchte sie eröffnen, eines Tages,
wenn Luca flügge ist – und weiterhin als Vorbild für ihn
da sein. «Wenn mir das gelingt, habe ich alles im Leben
erreicht.»

Ramona

«Ich muss das einfach durch- bringen!»

Ramona wollte ihr erstes Kind vor ihrem zwanzigsten Geburtstag bekommen. Inzwischen ist sie achtundzwanzig und hat zwei Söhne. Damit ist ihre Familienplanung längst nicht abgeschlossen.

Levis liegt eingekuschelt auf dem Sofa und schaut einen Trickfilm. Der Sechsjährige ist krank, Wilde Blattern. Sein zwei Jahre älterer Bruder hat ihn angesteckt. Lian lag eine Woche zuvor an der gleichen Stelle. Die Mutter der beiden, Ramona, muss derzeit oft daheim bleiben. Als Alleinerziehende bleibt ihr nichts anderes übrig. Ihr Chef akzeptiert das. Täte er das nicht, würde Ramona die Lehre anderswo absolvieren. «Das Wohl meiner Kinder steht im Vordergrund.» Sie sei eben weniger flexibel als Leute ohne Kinder.

Seit fast drei Jahren arbeitet die Achtundzwanzigjährige im Werbedienst eines Medienkonzerns. Sie steht kurz vor der Abschlussprüfung. «Der Job gefällt mir, ich kann meine Arbeitszeit selbst einteilen und auch mal von zu Hause aus arbeiten», sagt sie. Ramona steht morgens auf, wenn es draussen noch dunkel ist. Um 15 Uhr ist sie wieder daheim. «So haben die Buben wenigstens am Nachmittag das Mami um sich herum, das ist mir wichtig.» Die Zeit zwischen Schule und Zuhause überbrücken die beiden im Hort.

Ramona ist eine Supermama wie aus dem Bilderbuch: Zuerst kommen bei ihr immer die Kinder. Sie ist fürsorglich, streng, aber nicht zu streng – und immer stolz auf ihre Buben. «Ich verlange nie zu viel von ihnen, lobe sie auch, wenn sie etwas Kleines zeichnen oder mal eine weniger gute Note nach Hause bringen. Sie müssen keine Wunder vollbringen, sondern einfach

glücklich sein», sagt sie. Gern hätte sie später einmal
fünf Kinder. Angst vor zu viel Belastung hat sie keine.
«Man muss es nur entspannt angehen.» In den acht
Jahren, seit sie Mutter ist, habe sie sich nie überfordert
gefühlt. «Ich habe die Situation ja selbst gewählt. Mit
Kindern ändert sich halt vieles. Das ist ja auch das
Schöne daran.»

Sobald sie nach der morgendlichen Reise mit Bus
und S-Bahn im Büro im Stadtzentrum angekommen ist,
ruft Ramona die Buben an. Per Facetime fragt sie, ob
sie die Cornflakes gegessen und das Znüni eingepackt
haben. «Und ich sorge dafür, dass sie das Haus pünkt-
lich verlassen und nicht herumtrödeln.» Levis geht in den
Kindergarten, Lian ist Zweitklässler. Eine von Ramonas
Schwestern wohnt derzeit im Hobbyraum von Ramonas
Mietreihenhaus in Zürich Seebach. Die Frauen sind
typische Bewohnerinnen des Quartiers. Hier leben über-
durchschnittlich viele junge Leute mit Kindern, viele
davon mit Migrationshintergrund. Der Vater von Ramona
stammt aus Süditalien, die Mutter ist Schweizerin.
Ramonas Bindung zu Zürich Seebach ist enger als jene
zu Italien. Hier möchte sie bleiben. «Dieses Quartier ist
mein Zuhause.»

«Ich verlange nicht, dass sich meine Schwester um
meine Kinder kümmert, wenn ich weg bin. Doch es ist
beruhigend zu wissen, dass sie da ist», sagt Ramona.
Auch ihre anderen beiden Schwestern leben in der Nach-

barschaft. Eine bekam wie Ramona jung das erste Kind, zwei Schwestern sind kinderlos.

Ramona erinnert sich an die Zeit zurück, als ihr damaliger Freund und sie nach elf Monaten Beziehung beschlossen, ein Kind zu bekommen. Sie war neunzehn, er einundzwanzig Jahre alt. «Für mich war schon damals klar: Ich bin auf der Welt, um Mutter zu sein.» Ihr Umfeld fand die Vorstellung beunruhigend, dass zwei junge Leute, selbst noch halbe Kinder, Eltern werden wollten. «Ich habe diese Sorgen aber nie verstanden», sagt Ramona.

Eine «megastolze» Schwangere sei sie gewesen. «Es gibt viele Fotos aus dieser Zeit.» Sie habe sich immer auf die Ultraschall-Termine bei der Frauenärztin gefreut. «Als unser erster Sohn da war, waren wir beide megaglücklich.» Ihr Freund hatte einen guten Job als Elektriker, Ramona blieb daheim bei Lian. Erst nach einiger Zeit fing sie als Barista bei ‹Starbucks› an.

Der kleinere Sohn, Levis, war ebenfalls ein Wunschkind. Obwohl Ramonas Beziehung schon während der Schwangerschaft auf der Kippe stand. Doch erst als auch der zweite Bub auf der Welt war, wurde Ramona bewusst, dass sie von einem anderen Familienleben träumte. Einem «harmonischen», so sagt sie.

«Ich habe meinen damaligen Freund auf einmal anders wahrgenommen», erinnert sie sich. Während sie sich voll auf das Muttersein eingelassen habe, sei er ein Jugendlicher geblieben. Party, Freiheit, Chillen. «Ausserdem fühlte ich mich, als wäre ich seine Putzfrau.» Er habe sich kaum um den Haushalt gekümmert und selten von sich aus etwas mit den Kindern unternommen. Einige Jahre ging es noch gut, dann kam die Trennung. Heute pflegen die beiden einen guten Kontakt. Jedes zweite Wochenende verbringen die Kinder bei ihrem Vater.

Ramona sitzt vor ihrem Kaffee in der Küche und entschuldigt sich. «Ich bin gleich zurück.» Im Nebenzimmer streichelt sie ihrem Jüngsten über den Kopf und stellt den Fernseher leise. Der Kleine schläft. Sie kommt zurück in die Küche, die sie so sehr liebt, und setzt sich. «Ich würde am liebsten für immer in diesem Haus wohnen», sagt sie. «Aber da gibt es zurzeit ein kleines Problem.»

Hunde sind in der Genossenschaft verboten. Das wäre für Ramona kein Drama, wäre sie neuerdings nicht selbst von dem Verbot betroffen: Ihr neuer Lebenspartner hat seit einiger Zeit einen Hund. Eine Französische Bulldogge namens Muffin. Ihr Freund wohnt zwar nicht bei Ramona und den Kindern, war bis vor Kurzem aber oft bei ihnen – immer in Begleitung von Muffin. Das ging so lange gut, bis sich ein Nachbar bei der Hausverwaltung beklagte. «Ich erklärte, dass Muffin nur zu Besuch ist, doch das änderte nichts: Sie setzten mir eine Frist. Wenn ich regelmässig einen Hund empfange, werde mir fristlos gekündigt, hiess es», sagt Ramona. Ihr Freund und sie halten sich an die Regel, aber Ramona hat einen Plan.

Ramona

«Es war keine einfache Zeit, da ich beruflich orientierungslos war.»

Früher hat sie es nie lange an einem Arbeitsplatz ausgehalten. «Sobald es ein Problem gab, ging ich», sagt sie. Das Praktikum als Kleinkinderzieherin habe ihr gefallen, doch zwischenmenschlich lief es nicht gut. Auch die Herausforderungen, die sich ihr im Automechanik-Praktikum stellten, meisterte sie gern. «Ich hatte aber das Gefühl, mich als Frau extrem beweisen zu müssen und mehr leisten zu müssen als die Männer in der Werkstatt», sagt sie. «Ausserdem haben mich die Typen angestarrt, das hat genervt.»

Ihre Eltern trennten sich, als sie ein Teenager war. Der Vater stürzte ab, die Mutter verliebte sich neu. Die Töchter blieben auf der Strecke. Als sie siebzehn Jahre alt war, kam Ramona mit einer ihrer Schwestern in ein betreutes Wohnheim. «Es war ungewohnt, mich plötzlich an Regeln halten zu müssen. Gleichzeitig fand ich es cool, Sackgeld zu bekommen», sagt sie. Das Verhältnis zur Mutter war kühl. Als Ramona volljährig wurde, zog sie in eine eigene Wohnung. Das Sozialamt unterstützte sie. «Es war keine einfache Zeit, da ich beruflich orientierungslos war.» Mit neunzehn Jahren fand sie ihre Traumlehrstelle. Doch die Schwangerschaft kam dazwischen.

Seit Monaten sammelt Ramona Unterschriften. Zahlreiche Nachbarn haben unterschrieben. Ihr Anliegen: Die Genossenschaft soll Hundehaltung unter gewissen Bedingungen erlauben. Bis auf den eigenen Garten soll

auf dem Areal Leinenzwang gelten und jede Wohnein-
heit soll nur einen Hund halten dürfen. An der nächsten
Generalversammlung wird Ramona ihr Anliegen vor-
tragen. «Ich habe ein gutes Gefühl», sagt sie. Und ergänzt
in kämpferischem Tonfall: «Ich muss das einfach durch-
bringen!»

Die angestrebte ‹Hundelegalisierung› hängt direkt mit
Ramonas Zukunftsplänen zusammen. Sie wünscht sich,
dass ihr Freund mit seiner Hündin bei ihnen einzieht
und sie ihren Buben früher oder später drei Geschwister
schenken können. «Wenn dieser Traum bis an meinem
vierzigsten Geburtstag in Erfüllung gegangen ist, bin ich
wunschlos glücklich», sagt sie. «Wobei ich das schon heute bin.» Wenn da nur dieses Hundeproblem nicht wäre.
«Ich habe schon schwierigere Situationen gemeistert», sagt
Ramona. Und lacht.

Stephanie

«Meine Kinder haben mich gerettet»

Sie fiel von einem Extrem ins andere. Hätte sie die Pille genommen, würde Stephanie vielleicht noch immer im ‹Besetzten› leben statt im Bilderbuch-Reihenhaus.

Stephanie

Die Wände waren nicht versprayt. Sonst war es ein
besetztes Haus, wie man es sich vorstellt: Kiffer hängen
auf verlotterten Sofas rum, tagsüber ist es still, nachts
laut, das verkrustete Geschirr stapelt sich, Hip-Hop
dröhnt durch die Gänge. Stephanie lebte als einzige Frau
in einem solchen ‹Besetzten› in Zürich. Die meisten Be-
wohner kamen wie sie aus schwierigen Verhältnissen.
Für Stephanie war es mehr als eine Baracke, in der sie
gratis wohnen konnte. Es war ihr Daheim. Bis zu jenem
eisigen Wintertag vor gut elf Jahren, als eine Neuigkeit
alles veränderte.

Stephanie war siebzehn Jahre alt, als sie erfuhr, dass
sie schwanger ist. Von ihrem Freund zwar, mit dem sie
zu dieser Zeit glücklich war, aber so jung! Noch vor dem
Schulabschluss, vor der Volljährigkeit. «Oh mein Gott,
was mache ich jetzt?», war ihr erster Gedanke. Wie es so
weit kommen konnte, war ihr klar: «Ich nahm die Pille
manchmal für Tage nicht.» Und dann sei es eben passiert,
«aus Dummheit», sagt sie. Für eine Abtreibung war es
zu spät. Und selbst wenn diese Option noch möglich gewesen wäre – Stephanie hätte sich dagegen entschieden.
Zwei Jahre zuvor hatte sie bereits einmal abgetrieben.
«Es war Horror», erinnert sie sich. «Die Vorstellung, etwas
in mir getötet zu haben, machte mich fertig.»

Kurz nach Stephanies achtzehntem Geburtstag kam
Julie zur Welt. Das Mädchen ist inzwischen zehn Jahre
alt. Ihr kleiner Bruder Jean-Paul ist nur ein Jahr jünger.

Auch er war kein Wunschkind, sondern, wie man so sagt, ein ‹Unfall›. Stephanie würde das selbst nie so formulieren, sie sagt: «Meine Kinder haben mich gerettet.»

Mit dem Freund von damals ist Stephanie seit Jean-Pauls Geburt nicht mehr zusammen. «Ich habe mich getrennt, weil er keine Entwicklung durchgemacht hat.» Er habe weiterhin im besetzten Haus gewohnt, gekifft und nicht gearbeitet. Sie hingegen zog schon während der Schwangerschaft in ein Mutter-Kind-Heim, lernte kochen, waschen, putzen und erfuhr, was es bedeutet, Verantwortung zu tragen. «Viele andere Schwangere oder Mütter litten unter der strengen Führung im Haus. Ich aber war froh, früh aufstehen zu müssen, Strukturen zu haben», sagt Stephanie. Auf Spaziergängen hätten die jungen Frauen mit den dicken Bäuchen und den Kinderwagen böse Blicke geerntet. «Die Leute dachten wohl, wir seien blöd, dass wir uns schwängern liessen und dass wir unser Leben eh nicht im Griff hätten. Aber das war mir egal», sagt sie.

Als Jean-Paul ein Jahr alt war, lernte Stephanie ihren jetzigen Lebenspartner Cedric kennen. «Im Gegensatz zu mir war er schon immer ein Braver», sagt Stephanie – und lacht. Das war es, was sie nach der wilden Zeit im ‹Besetzten› brauchte. Normalität. Die hat sie inzwischen in jeder Hinsicht – und das macht sie glücklich.

Die erste Zeit als Mutter war schwierig. Zwar erhielt Stephanie Unterstützung vom Verein AMIE, der sich um

Stephanie

«Die Leute dachten wohl, wir seien blöd, dass wir uns schwängern liessen und dass wir unser Leben eh nicht im Griff hätten.»

Frauen wie sie kümmert, konnte ein Praktikum absolvieren und bekam die Kinderkrippe bezahlt. Doch da war zu Beginn immer noch ihr Freund, der ihr zwar auf die Nerven ging, den sie aber auf eine Art immer noch gernhatte. Als sie zum zweiten Mal von ihm schwanger wurde, sagte sie es niemandem. Nicht mal ihrer besten Freundin. «Ich nahm zum Glück überall zu, nicht nur am Bauch.»

Nach der Zeit im Mutter-Kind-Heim zog sie zu ihrem Vater. Dieser war inzwischen von Stephanies Mutter getrennt und nahm seine Tochter und die beiden Kinder bei sich auf. Nach einer Weile erhielt Stephanie vom Sozialamt eine eigene Wohnung. Dort blieb sie nicht lange. Denn schon bald zog sie mit Cedric zusammen.

Inzwischen lebt die Familie in einer Bilderbuchgemeinde im Kanton Aargau. Saubere Strassen, gepflegte Gärten, Bergsicht, Kinder, Katzen. Das Reihenhäuschen, das sie gemietet haben, ist unaufgeregt. Es ist das Gegenteil der Baracke von damals.

Stephanie und Cedric lernten sich an einem Geburtstagsfest kennen. «Wir haben bis um 6 Uhr geredet und getrunken», erzählt sie. «Als ich ihm sagte, dass ich alleinerziehende Mutter bin, hat er leer geschluckt.» Doch die Liebe war stärker als die Bedenken. Nach wenigen Monaten fragten die Kinder, ob sie zu Cedric Papi sagen dürften. Seither ist er ihr Papi. Ihren leiblichen Vater kennen Julie und Jean-Paul nicht. Er hat sich nie um Kontakt bemüht.

Stephanies Eltern sind Einwanderer aus Chile. Nach
aussen waren sie eine perfekte Familie. «Hinter den
Kulissen ging es aber alles andere als harmonisch zu»,
erzählt Stephanie. Der Vater schlug, die Mutter schrie.
Mit vierzehn haute Stephanie ab, ihre Schwester war
damals zwanzig Jahre alt. Die Schwestern hatten kaum
Kontakt, erst jetzt, wo sie beide Mütter und Nachba-
rinnen sind, verbringen sie viel Zeit miteinander. Auch
das Verhältnis zu ihren Eltern ist gut. Beide sind gern
Grosseltern. Gewalt kommt nicht mehr vor.

Bei der ersten Schwangerschaft hatte Stephanie
Angst vor der Reaktion ihres Vaters, doch wider Erwarten reagierte dieser verständnisvoll. Die Mutter hingegen
brach den Kontakt ab. Erst als Stephanie mit Wehen
im Spital lag, stand ihr die Mutter zur Seite. Sie war
dabei, als Julie per Notkaiserschnitt geboren wurde.

Als sie noch in der Sozialwohnung lebte, absolvierte
Stephanie ein Handelsdiplom. Sie arbeitete Teilzeit
an einer Hotel-Rezeption. Vor fünf Jahren, mit vierund-
zwanzig, machte sie eine kaufmännische Lehre. Inzwischen ist sie Assistentin der Geschäftsleitung in einem
Elektronikgeschäft. «Mir gefällt mein Job, dennoch
würde ich gern noch mehr erreichen.» Derzeit überlegt
sie, ob sie die Matura nachholen und ein Studium beginnen soll. Am liebsten im sozialen Bereich, damit sie
später einmal junge Mütter betreuen kann. Frauen,
die dasselbe durchmachen wie sie einst.

Stephanie wünscht sich, in zehn Jahren noch im selben Reihenhaus zu leben, mit Cedric und den Kindern. «Manchmal frage ich mich, was aus mir geworden wäre, wenn ich nicht so jung Mutter geworden wäre», sagt sie. Und gibt sich die Antwort gleich selbst: «Wahrscheinlich wäre ich total abgestürzt.»

Partys feiert Stephanie immer noch gern, allerdings meist bei sich im Garten mit Grill und Bier und in einem verträglichen Mass. Grosse Ausschweifungen können sich die jungen Eltern nicht erlauben, zu engmaschig ist ihr Programm. Am Samstagmorgen fahren sie immer in ein Einkaufszentrum. Dort müssen sie den Kopf beieinanderhaben, wahlloses Shoppen liegt nicht drin. Sie müssen Gemüse, Fleisch, Waschpulver, WC-Papier für die ganze Woche einkaufen. An den Werktagen reicht es höchstens für einen Liter Milch oder eine Packung Spaghetti kurz vor Ladenschluss. Stephanie und Cedric arbeiten beide 100 Prozent. Organisation ist alles. «Ich koche abends für den nächsten Tag, Cedric bringt Julie ins Tanzen und Jean-Paul zum Fussball», sagt Stephanie. Er arbeitet im Aussendienst und kann sich die Zeit selbst einteilen. Sie hingegen muss sich an Bürozeiten halten.

Mit einigen Leuten aus der Besetzer-Szene hat Stephanie noch oder wieder Kontakt. «Sie leben inzwischen alle wie ich, haben Familien und Jobs», sagt sie. Was aus dem Vater ihrer Kinder geworden ist, weiss sie nicht. Es interessiert sie auch nicht. Cedric ist für sie der Papi von Julie und Jean-Paul. «Er würde die beiden nie mehr hergeben.» Wenn die Kinder grösser sind, wollen Cedric und Stephanie die Welt bereisen. «Wir sind ja dann noch jung.»

In einem Jahr wird sie dreissig Jahre alt. Die Kinder sind dann bereits zehn und elf. An Stephanies vierzigstem Geburtstag werden ihre Kinder vielleicht schon allein leben. Aber, und da ist sich Stephanie sicher, nicht, weil sie es daheim nicht mehr aushalten würden. «Wir sind, wie wir sind», sagt sie – nicht nur nach aussen eine glückliche Familie. «Ich habe mich in jungen Jahren so stark ausgetobt, dass ich mich jetzt wirklich auf meine Mutterrolle konzentrieren kann und will.» Das Gefühl, etwas verpasst zu haben, kenne sie nicht. Und falls doch, bestimmt nichts Gutes.

Wiktoria

«Ich würde mich selbst verpassen»

Teenager Wiktoria wurde von einem anderen Teenager schwanger. Ihre grösste Angst war, dass ihr Freund sie verlassen würde. Jetzt möchte dieser ein zweites Kind.

Sie lachte und lachte und hörte nicht mehr auf. «Das kann nicht sein! Mein Freund ist fünfzehn, er ist selbst noch ein Kind!» «Sie brauchen die Pille nicht mehr, Sie sind schwanger», hatte die Ärztin gesagt, «Urin lügt nicht.» Wiktoria konnte es nicht glauben.

Sie erinnerte sich an den einen Tag zurück, an dem sie vergessen hatte, die Pille zu schlucken. Ihre Freundin feierte den fünfzehnten Geburtstag. Die Mutter hatte sie angerufen, «komm heim, die Pille nehmen». «Nein», hatte sie gesagt, «bis ich wieder zurück bin, ist die Party fertig.» Als sie später mit ihrem Freund schlief, hatte sie die Pille längst vergessen. Und jetzt das.

Nach dem ersten ungläubigen Lachen schossen Wiktoria tausend Fragen durch den Kopf. «Wie reagiert David? Verlässt er mich? Wirft mich meine Mutter aus der Wohnung? Und die Schule?»

Solche Fragen würden sich mit einer Abtreibung nicht stellen. Die sechzehnjährige Wiktoria wollte das zehnte Schuljahr beenden, Soziologie studieren, mit ihrem Freund zusammenziehen und Ende zwanzig das erste von zwei oder drei Kindern bekommen.

Das Baby «wegmachen» kam für sie aber von Anfang an nicht in Frage. Trotz ihres Alters, trotz der Ängste, trotz absehbaren Problemen. Das Glück war stärker als die Angst. Daran änderte sich auch nichts, als die Ärztin Wiktoria mitteilte, sie könne das Baby nicht behalten, es befinde sich im Eileiter. Selbst da war für sie klar: «Ich bekomme dieses Kind!» Das Gefühl sagte ihr, dass alles in Ordnung war und die Ärztin den «kleinen Kreis» auf dem Ultraschallbild am falschen Ort vermutete. Wiktoria dachte gar einen Moment, die Ärztin habe sie unsorgfältig untersucht. «Ich war ja bloss ein Teenager, der schwanger mit einem Megaschock vor ihr lag», sagt sie heute.

Es ist Freitag, kurz nach acht Uhr. Wiktoria ist eben aufgestanden. Drei Jahre sind vergangen seit dem unfassbaren Augenblick bei der Ärztin. Wiktoria stellt eine Pfanne auf den Herd, nimmt Instantkaffee aus dem Schrank und wartet, bis das Wasser kocht. Nach einem Praktikum im Detailhandel arbeitet sie nun nicht mehr. Doch bald wird sie wieder an Kursen des Vereins AMIE teilnehmen. Dort lernt sie, worauf es bei Bewerbungen ankommt. Und wie sie Personalchefs überzeugen kann, dass sie auch als junge Mutter eine gute Pflegefachfrau werden kann. Oder sogar gerade als junge Mutter.

Der Kaffee ist fertig. Mia schläft noch tief. In der Früh tappte die Zweijährige aus ihrem Zimmer und schlüpfte zu Mami ins Bett. Papi war nicht da. Er übernachtete bei seinen Pflegeeltern in einem Dorf nahe der Stadt. Aber bald wird er immer bei Mia sein, bald wird er achtzehn. «David kann es kaum erwarten, hier zu wohnen. Er ist verrückt nach Mia – und nach mir», sagt Wiktoria.

Ihre Angst, er könnte sie verlassen, war unbegründet. «Wir ziehen das zusammen durch!», hatte er gesagt. Von diesem Zeitpunkt an küsste er immer zuerst Wiktorias

Bauch, bevor er sie begrüsste. Sie hatte ihm erst nach dem Besuch bei einem anderen Arzt, zwei Tage nach dem «Megaschock», von der Schwangerschaft erzählt. Erst nachdem klar war, dass das Baby nicht im Eileiter lag, sondern in der Gebärmutter. «Nach dieser Nachricht stieg ich in den Bus und fuhr vier Stunden lang umher. Ich freute mich und hatte gleichzeitig Angst.» Ihre Mutter ahnte, was los war. Wiktoria kam sonst immer direkt heim nach dem Besuch beim Frauenarzt. Diesmal liess sie sich Zeit. Und nahm das Handy auch nicht ab, als die Mutter sturmklingelte.

David und Wiktoria haben eine ähnliche Vergangenheit. Sie kommen beide aus Osteuropa, er aus Ungarn, sie aus Polen. In Wiktorias Wohnzimmer hängen Fotos von ihren Grosseltern, die nun auch Urgrosseltern sind, daneben Bilder von David und Wiktoria als frischgebackene Eltern. Beide sind erst seit sechs Jahren in der Schweiz. Nach der Trennung vom drogensüchtigen Vater hatte Wiktorias Mutter bereits vor über zehn Jahren beschlossen, im Ausland eine neue Existenz aufzubauen. Sie war in die Schweiz gezogen, als Wiktoria Primarschülerin war. Die Grosseltern kümmerten sich jahrelang um die Enkelin. Manchmal vermisst Wiktoria Polen. «Aber ich möchte nicht dort leben, es gibt dort keine Perspektive – ausser, man ist reich oder kriminell.»

«Auf der Strasse» lernte sie Deutsch. Inzwischen spricht sie die Sprache perfekt, mit kleinem Akzent. Es waren nicht immer friedliche Szenen, wenn Teenager Wiktoria draussen war. Einmal verprügelte sie zwei Mädchen und landete bei der Polizei. Nach einem mehrstündigen Verhör und einer Anklage wegen Körperverletzung schlug sie nie wieder jemanden. «Das war mir eine Lehre!», sagt sie. Inzwischen ist sie neunzehn Jahre alt.

Sie sitzt im Schneidersitz in Trainerhosen auf dem Sofa, die Kaffeetasse in der Hand, und schaut die Fotos von David, Mia und sich an der Wand an. «Ich hätte etwas verpasst, wenn ich Mia nicht hätte», sagt sie, «nicht umgekehrt.» Sie überlegt eine Weile und ergänzt dann: «Ich würde mich selbst verpassen, irgendwie.»

Wiktoria kümmert sich gern um den Haushalt. «Seit Mia da ist, staubsauge ich noch öfters als vorher», sagt sie lachend. Und auch mit dem Kochen nehme sie es genauer. Mia übernachtet einmal in der Woche bei Wiktorias Mutter. Wiktoria geht dann mit Freundinnen essen oder macht sich mit David einen gemütlichen Abend in ihrer Altbauwohnung. Bis vor Kurzem lebte sie mit ihrer Tochter bei ihrer Mutter. Diese hatte ihre Drohung, sie im Falle einer Schwangerschaft vor die Tür zu stellen, nicht wahr gemacht.

Ihre Mutter sei ihre beste Freundin, sagt Wiktoria. Wie eine solche hatte sie sich auch verhalten, als sie erfuhr, dass sie Grossmutter wird. «Die Entscheidung liegt bei dir», hatte sie gesagt. Mittlerweile ist sie sogar traurig, Tochter und Enkelin nicht mehr ständig bei sich zu

Wiktoria

«Ich will so schnell wie möglich weg von der Sozial-hilfe, es ist schlimm, finanziell abhängig zu sein.»

haben. Lange haben sie vergebens eine Wohnung für Wiktoria und Mia gesucht. Wer möchte schon eine so junge Mutter mit Baby in seinem Haus haben?

In zehn Jahren sieht sich Wiktoria als Mutter von zwei Kindern mit David und einem Hund auf dem Land in einer Neubauwohnung leben. «David möchte ein Haus, aber wofür brauchen wir ein ganzes Haus?», fragt sie. David wird als Baupraktiker arbeiten, sie als Krankenschwester auf der Notfallstation, so ihr Plan. «Dort läuft etwas, dort gibt es ständig neue Fälle», sagt sie. In der Schule war sie eine der Besten, brachte stets gute Noten nach Hause. Als Krankenschwester möchte sie sich «hocharbeiten», vielleicht einmal ein Team leiten. Noch weiss sie aber nicht einmal, ob sie in knapp einem Jahr tatsächlich in einem Spital ausgebildet wird. Sie befürchtet reihenweise Absagen. «Ich spüre ständig, dass mir die Leute nicht viel zutrauen, weil ich eine junge Mutter bin. Das ist ungerecht. Und falsch. Ich weiss, was Verantwortung bedeutet, seit Mia erst recht.» Sie sagt das resolut, kämpferisch. Schliesslich muss keine ihrer Freundinnen Arzttermine fürs Kind managen, dieses von der Krippe abholen und ihm Manieren beibringen.

Wiktoria trinkt gern mal einen Whisky oder ein Bier und hat schon ein paar Mal an Joints gezogen. Bevor Mia geboren wurde, kam das öfter vor als heute. Auch jetzt noch nimmt sie manchmal «zwei, drei Züge», aber nur, wenn Mia bei der Oma übernachtet. «Es entspannt

mich», sagt sie. Andere Drogen lehnt sie ab. Als eine
Freundin in einem Club Kokain angeboten bekam und
zugriff, verliess Wiktoria das Lokal. «Alter, ich will
doch nicht zusehen, wie sich meine Freundin ruiniert!»
Die Erlebnisse mit ihrem Vater hätten ihr gereicht.
Und sowieso sei sie nicht der Partytyp. «Ich koche, ich
putze, ich habe eine Tochter und einen Freund. Meine
beste Kollegin sagt, ich hätte alles erreicht, was sich
eine Frau wünscht.» Das stimme nicht. Der Beruf fehle
noch. «Ich wollte Mia aber nicht schon als Baby ständig
weggeben müssen», sagt sie. Wenn sie dann aber regelmässig arbeite, gehe Mia eben in die Krippe – wo sie
bereits jetzt vier halbe Tage verbringt. «Sie ist gern dort.
Es tut ihr gut, andere Kinder um sich zu haben.» Die
Mütter der anderen Kinder sind teils im Alter von Wiktorias Mutter. Diese ist einundvierzig Jahre alt.

Lange möchte Wiktoria nicht warten bis zum zweiten
Kind. «Ich habe doch keinen Bock, Windeln zu wech-
seln, wenn Mia längst in der Schule ist.» David hätte am
liebsten jetzt schon ein zweites Kind, Wiktoria vom Gefühl her auch, die Vernunft bremst sie aber.

Die beiden haben sich auf der Herbstmesse kennengelernt, sie war fünfzehn, er vierzehn Jahre alt. «Wir
wussten beide sofort: Das ist es!», erinnert sich Wiktoria.
Sie wünscht sich, immer mit David zusammenzublei-
ben. «Doch jetzt müssen wir zuerst schauen, wie wir das
Zusammenleben hinbekommen», sagt sie. Derzeit sehen

sie sich fast täglich, aber nie lange. David macht eine Art Vorlehre und trägt abends Zeitungen aus. Wiktoria lebt von der Sozialhilfe. Davids Lohn legen sie zur Seite, um Mia an der Herbstmesse einen Ballon zu kaufen oder sich sonst einmal eine kleine Freude zu machen.

«Ich will so schnell wie möglich weg von der Sozialhilfe, es ist schlimm, finanziell abhängig zu sein», sagt Wiktoria. Aber was soll sie machen? Ihre Mutter leitet zwar ein Putzteam, verdient aber nicht die Welt. Und Wiktoria möchte baldmöglichst eine gute Ausbildung machen, statt «irgendwas zu arbeiten».

Die Grossmutter sprach kein Wort mehr mit der Enkelin, nachdem die Nachricht von der Schwangerschaft in Polen ankam. Eine Sechzehnjährige, schwanger! Das geht nicht. Erst als Wiktoria bereits mit dickem Bauch mit dem Grossvater skypte und die Grossmutter die Enkelin beim Vorbeigehen auf dem Bildschirm sah, brach das Eis. «Sie weinte und entschuldigte sich, der Bauch hat etwas in ihr ausgelöst», sagt Wiktoria. Ihre Grosseltern sind nun gern Urgrosseltern.

Der Wunsch nach einer Familie verband David und Wiktoria von Anfang an. Er wurde als Kleinkind von der Mutter verlassen und später vom Vater in die Schweiz gebracht. Dieser fand keinen Job, keine angemessene Wohnung, David landete im Heim. Wiktoria hatte es gut in Polen bei den Grosseltern, doch die Mutter fehlte ihr. Und Geschwister hätte sie auch immer gern gehabt. Das

junge Paar will versuchen, Mia all das zu geben, was
ihm selbst fehlte. «Jetzt ziehen wir zuerst einmal richtig
zusammen, dann sehen wir weiter», sagt Wiktoria.
Und überlegt einen Moment: «Aber ja, ich wünsche mir,
dass mein David immer bei mir bleibt.»

Yangdron

«Ich lernte, dass ich auch mal Nein sagen darf»

Erstmals überhaupt führt die Tibeterin Yangdron ein freies Leben. Doch ausgerechnet ihrer geliebten Mutter darf sie nicht alles erzählen, was sie in der neuen Heimat erlebt.

75

Yangdron

«Ich hatte nasse Hände», sagt die einunddreissigjährige
Yangdron. Welche Gerüche sie wahrnahm, welche Gestalten sie sah, welche Geräusche sie hörte – das alles
weiss sie nicht mehr. Zu gross war die Angst vor dem,
was kommen sollte. Vor dem Ungewissen. Nur wenige
Tage davor hatte sie die Entscheidung gefällt, die Heimat in Asien zu verlassen und fast achttausend Kilometer
entfernt in Europa ein neues Leben aufzubauen.

Yangdron steht in der Küche ihrer kleinen Parterre-
wohnung in einem Luzerner Aussenviertel. Sie kocht Tee.
Auf der Terrasse wehen tibetische Gebetsfahnen. An der
Wand hängt ein Bild des Dalai-Lama neben einem roten
Herz, das umringt ist von Fotos ihres Sohnes Rangdol.
Sein Name bedeutet ‹Selbstständigkeit›. Das ist es auch,
was sie ihm wünscht. Dass er selbstständig entscheiden
und handeln kann – von Anfang an. Nicht wie sie, die
fünfundzwanzig Jahre ihres Lebens unter Druck stand.
Und Angst haben musste.

Ihr Sohn kam vor gut zwei Jahren in Luzern zur Welt.
Sein Vater ist ebenfalls Tibeter. Dessen Schicksal gleicht
jenem von Yangdron. Beide waren politische Aktivisten,
verteilten Flugblätter mit der Botschaft des Dalai-Lama,
kämpften für Freiheit. Yangdron kopierte Vorträge des
obersten Buddhisten und brachte sie in ein nahe gele-
genes Kloster. «Ich wollte, dass die Mönche erfahren,
was der Dalai-Lama denkt», sagt sie. Mit der Zeit wurden
solche Aktionen zu gefährlich. Und die Bedrohung, ver-

haftet zu werden, war greifbar. Die Mittzwanzigerin floh in ein Land, das Sicherheit bot, aber keine Zukunft.

Sie landete in Nepal, ein Lastwagen hatte sie für viel Geld dorthin gefahren. Das ganze Dorf hatte zusammengelegt, um ihr die Flucht zu ermöglichen. Eigentlich wollte sie bleiben, bis in der Heimat eine neue Regierung an die Macht kommen würde. Dann wollte sie zurück zur Mutter und zum geliebten Grossvater. Doch die Mutter riet ihr am Telefon davon ab. Die Lage daheim spitze sich eher zu. Inzwischen hatte Yangdron Englisch gelernt und ein bisschen Geld als Serviertochter in einem Restaurant verdient. Eine Aufenthaltsbewilligung hätte sie als tibetischer Flüchtling keine bekommen. Und ein Leben als Illegale, die ständig Angst haben muss, von der Polizei entdeckt zu werden, wollte sie auf Dauer nicht führen. Es blieb also nur Europa.

Eine Begleiterin, wie sie es nennt, flog mit Yangdron von Nepal in die Schweiz. Sie mussten in einem arabischen Land umsteigen, in welchem, weiss Yangdron nicht mehr. Die vielen Stunden im Flugzeug hat sie auch kaum mehr in Erinnerung. Es sind nur die nassen Hände, die sie noch spürt, wenn sie daran denkt. Und die Angst, die grosse Angst. In Zürich angekommen brachte die Begleiterin Yangdron zum Bahnhof. In Kreuzlingen müsse sie aussteigen. Dort gäbe es einen Teeladen und gleich daneben ein Asylzentrum. Dort müsse sie sich melden. Dann komme alles gut. Yangdron tat, was die

Yangdron

«Mein Freund sagte, die Schwangerschaft sei unser Karma.»

Begleiterin sagte. Und schon bald traf sie zu ihrer Überraschung zahlreiche andere Tibeter. Sie alle warteten
im Asylheim auf einen Bescheid. Ob sie bleiben dürfen,
unter welchen Bedingungen, ob sie arbeiten dürfen, eine
eigene Wohnung beziehen, Deutsch lernen.

Der kleine Rangdol spricht viel für sein Alter, Deutsch,
Tibetisch, alles zusammen. Er mag Farben. «Pink!», sagt
er und zeigt auf den Pullover seiner Mutter und dann auf
den Löffel, mit dem er seinen Brei isst. Beides ist pink.
Der Vater sitzt auf dem tibetischen Teppich auf dem Sofa
und wartet darauf, mit dem Jungen hinausgehen zu
können. Es ist bissig kalt, aber klar. Die kleine Familie
wohnt direkt am Waldrand, vor dem Haus befindet sich
ein Fussballfeld. Dort spielt der Kleine gern mit seinen
Eltern. Unter der Woche verbringt er die Tage in der
Krippe. Yangdron arbeitet in dem Altersheim, wo sie im
Sommer eine Lehre als Fachfrau Gesundheit beginnen
wird. Ihr Freund jobbt in einer Küche. Sie bezeichnet ihn
als «meinen Lebenspartner» und nie als «meinen Mann».
«Wir Tibeter halten nicht viel vom Heiraten, wir können
auch ohne Trauschein glücklich sein.»

Yangdron und ihr Lebenspartner wurden nach der
ersten Begegnung in Kreuzlingen 2012 in verschiedenen
Asylunterkünften untergebracht. An einem Tibeterfest
in Zürich trafen sie sich wieder. Und verliebten sich. Über
Kinder sprachen sie nie, zu viel anderes stand im Vordergrund. Sie wollten sich einleben in der neuen Heimat,

Fuss fassen in allem, was dazu gehört. Im Asylheim weinte Yangdron oft. Da waren mehr Afrikaner als Asiaten, Kulturen prallten aufeinander. «Sie waren laut und wir hatten uns nicht viel zu sagen», erinnert sie sich. Sie lernte Deutsch und stand kurz davor, einen Pflegekurs zu absolvieren, um in die Berufswelt einsteigen zu können. Doch dann, der Schock. Die Periode blieb aus, einen Tag, zwei Tage, eine Woche. Und Yangdron wusste: «Ich bin schwanger!» Sie sagte es ihrem Freund, dieser reagierte gelassen: «Das ist unser Karma.» Nach langem Hin und Her mit den Behörden erlaubten diese, dass die beiden Tibeter zusammenziehen und ihr Kind gemeinsam betreuen dürfen. Die Wahl fiel auf Luzern.

Noch immer weint Yangdron manchmal. «Wenn ich daran denke, dass ich meine Mutter vielleicht nie wieder sehe, kommen mir die Tränen», sagt sie. Und die Tränen fliessen. Über eine chinesische App telefoniert sie regelmässig mit der Mutter, diese sagt, es gehe ihr gut in Tibet, sie müsse sich keine Sorgen machen. Yangdron hofft, dass die Mutter die Wahrheit sagt und nicht unter dem Aufbegehren ihrer Tochter zu leiden hat. «Vielleicht will sie mich auch bloss beruhigen», sagt Yangdron. «So wie ich damals, als ich schwanger war. Ich sagte meiner Mutter nichts davon, damit sie sich keine Sorgen machte.» Erst als der kleine Rangdol da war, erfuhr Yangdrons Mutter von ihrem Grossmutterglück. «Sie verstand meinen Entscheid, die Geburt abzuwarten.» Wo genau Yangdron

lebt, weiss ihre Mutter nicht. Zu gefährlich. Die Telefon-
gespräche würden abgehört, sagt Yangdron, weshalb
sie nur oberflächlich redeten.

Von MiA-Innerschweiz erhielt sie nach der Geburt
ihres Sohnes Unterstützung. Ernährungsfragen, Er-
ziehungstipps, psychologische Anliegen – Yangdron war
in guten Händen. «Ich lernte, dass ich auch mal Nein
sagen darf», erzählt sie. Früher hätte sie alles bejaht
und sich dabei oft unwohl gefühlt. Inzwischen schafft sie
es weitgehend allein, ihr Leben auf die Reihe zu bekommen. Ihr Lebenspartner hilft viel im Haushalt. Sie kochen
am liebsten tibetische Teigtaschen. Und manchmal laden sie Leute ein. Bloss die Abhängigkeit von der Sozialhilfe macht Yangdron Bauchweh. Sie will weg davon,
weiss aber, dass sie warten muss. «Ich bin auf das Geld
angewiesen, bis ich die Ausbildung beendet habe und
einen normalen Lohn erhalte.» Ihr Lebenspartner möchte ebenfalls bald normal arbeiten können, noch hapert
es bei ihm aber am Deutsch.

Yangdron vermisst ihre Heimat. Es ist vor allem das
Zusammensein mit der ganzen Familie, das ihr fehlt.
Hier muss sie ihren Sohn allein aufziehen, dort würden
alle helfen. Auch tut es ihr weh, im Altersheim Menschen
betreuen zu müssen, die ausser ihr niemanden haben.
«Selbst wenn sie jemanden haben, sind sie meistens
allein», sagt Yangdron. Die Ausbildung mache sie aus
der Überzeugung, Gutes zu tun. Wäre sie in Tibet ge-

blieben, würde sie ihren Grossvater pflegen, sagt sie und wischt eine Träne weg.

Ihr Lebenspartner und ihr Junge sind inzwischen zurückgekehrt. Yangdron steht auf, geht auf Zehenspitzen zum Schlafzimmer, schiebt den tibetischen Vorhang vor der Zimmertür zur Seite und wirft einen Blick auf ihr Bett. Vater und Sohn liegen nebeneinander und schlafen. Sie lächelt. Und sagt, dass sie sich eines Tages ein Geschwisterchen für Rangdol wünsche. Aber erst, wenn sie die Sozialhilfe hinter sich gelassen habe. Sie holt die tibetische Flagge aus der Schublade. Bis auf diese Fahne hat sie kaum etwas aus Tibet mit in die Schweiz genommen. In ihrer Heimat ist es verboten, die Fahne aufzuhängen. Bisher haben Yangdron und ihr Lebenspartner auch hier darauf verzichtet. Doch heute sei ein guter Tag, das Stück Stoff endlich an die Wand zu hängen.

Souen und Chantal

«Berlin wäre toll! Oder Barcelona!»

Wären sie nicht beide jung Mutter geworden, hätten sich Souen und Chantal vielleicht nie kennengelernt und müssten ohne beste Freundin durchs Leben gehen.

9.30 Uhr, es ist sonnig und kalt. Souen und ihr Sohn
Noah warten beim Naherholungsgebiet ‹Park zum Grünen› auf Souens beste Freundin Chantal. Sie hat den
Bus verpasst und muss sich gedulden, bis der nächste
kommt. Es ist Karfreitag, die Welt ist im Schlafmodus.
Bloss der fünfjährige Noah ist topfit. Er turnt neben seiner Mutter auf einem Poller herum und freut sich, bald
seinen Freund Jejomar zu treffen. Als dieser nach einer
Viertelstunde an der Seite seiner Mutter Chantal gelau-
fen kommt, verschwinden die Buben sofort auf den Spielplatz. Es ist wohl der einzige Ort weit und breit, wo um
diese Zeit schon was los ist.

Souen und Chantal haben sich angefreundet, als ihre
Söhne gerade frisch geboren waren. Den kleinen Louan
gab es noch nicht. Chantal brachte ihn vor einem Jahr
zur Welt. Ihre Lebenslage beim zweiten Kind war besser
als bei Jejomars Geburt vor fünf Jahren.

Es geschah auf der philippinischen Insel Boracay.
Chantal verliebte sich in einen ‹Beachboy›. Die Pille
hatte sie vor der Reise abgesetzt. Das hinderte das Paar
nicht an leidenschaftlichen Stunden in der tropischen
Hitze. «Die grosse Liebe war es nicht», sagt Chantal. Das
habe auch ihr Freund so gesehen. Alles war easy. Nach
ein paar Wochen flog Chantal zurück nach Apulien, wo
sie bereits seit einer Weile in der Kitesurfschule ihrer
Tante jobbte. Das Surfen war auch der Grund für die Phi-
lippinen-Reise. Nach wenigen Tagen bekam sie Heiss-

hunger und ihre Brüste wuchsen. Chantal erzählte ihrer Mutter am Telefon davon, für diese war klar: «Du bist schwanger!» Ein Test brachte Gewissheit: Chantal, einundzwanzig Jahre alt, war schwanger. Von einem Ferienflirt, der am anderen Ende der Welt ein ganz anderes Leben lebte. Wenn sie nicht in Italien war, wohnte sie in Wohngemeinschaften in Zürich.

«Ich!» «Nein ich!» Gerangel. Noah und Jejomar streiten. Es geht um einen Ball. Es ist 10 Uhr, inzwischen sind noch mehr Kinder auf dem Spielplatz. Deren Eltern sitzen wie Souen und Chantal auf den Parkbänken und geniessen die ersten kühlen Sonnenstrahlen. Souen und Chantal treffen sich häufig hier. «Unsere Buben sind wie Brüder», sagt Souen. Kein Wunder: Sie kennen sich, seit sie Babys waren und verbringen sehr viel Zeit miteinander.

Als sie schwanger wurde, war Souen mit fünfundzwanzig Jahren etwas älter als Chantal – sonst ähneln sich die Geschichten der Freundinnen stark: Auch bei Souen passierte es weit weg von zu Hause in der tropischen Hitze. Allerdings war Souen nicht in den Ferien, sondern in ihrer Heimat, einer von zwei Heimaten. Der Mann, mit dem sie ein Kind zeugte, kommt aus Guadeloupe in der Karibik. Auch Souens Vater wurde in Guadeloupe geboren, ihre Mutter ist Schweizerin. Souen wuchs in beiden Ländern auf. Zunächst kannte sie nur den französischen Teil der Schweiz, später zog die Familie nach Glarus in der Deutschschweiz. Die Mitschülerinnen und

Mitschüler beschimpften sie als «Gaggi». Als sie später
als Teenager kurz in Appenzell Ausserrhoden wohnte,
musste sie sich von erwachsenen Menschen «Schlampe»
anhören. «Das hat mich sehr verletzt», sagt Souen. Denn
eine Schlampe, das sei sie bestimmt nicht.

Baby Louan schläft zufrieden im Kinderwagen,
während sein grosser Bruder Jejomar und dessen
Freund Noah das Klettergerüst erobern. Souen und
Chantal haben ihre Buben im Blick, während sie
sich an die Anfänge ihrer Freundschaft erinnern. «Wir
waren beide ziemlich orientierungslos», sagt Chantal.
Beide hatten noch keine Ausbildung, als sie sich in
einem Kurs des Vereins AMIE in Basel kennenlernten.
Sie wussten: «Jetzt gilt es ernst. Jetzt sind wir Mütter
und tragen Verantwortung.» Nach ein paar Monaten im
Kurs fanden beide eine Lehrstelle.

Im Gegensatz zu anderen Kursteilnehmerinnen
hatten sie in ihrem Leben keinen Mann, auf den sie hätten zurückgreifen können. Der Vater von Noah kam
zu jener Zeit zwar noch manchmal in die Schweiz, doch
schon bald trennte sich Souen endgültig von ihm. Sie
besuchte ihn noch ein paar Mal in Guadeloupe, aber nicht
seinetwegen, sondern weil sie ihre Heimat vermisste
und diese Noah nicht vorenthalten wollte. Chantal hat
keinen Kontakt mehr zum philippinischen Freund von
damals. Sie ist inzwischen neu verliebt und lebt mit dem
Mann zusammen. Der Vater des kleinen Louan war

Kunde im Geschäft, in dem sich Chantal zur Detailhandelsfachfrau ausbilden liess. «Er wollte Vorhänge kaufen», erinnert sie sich. Die kaufte er auch, doch dabei blieb es nicht. Lehrtochter Chantal ging ihm nicht mehr aus dem Kopf. Inzwischen sind die beiden Eltern.

Bevor die Kinder da waren, waren Souen und Chantal planlos, was ihre berufliche Zukunft angeht. Ein Job hier, ein Praktikum da, aber kein Ziel, keine Leidenschaft. Wobei Souens private Leidenschaft stets das Tanzen war. «Alle behaupteten immer, dass man in der Schweiz mit Tanzen kein Geld verdienen kann», sagt sie. Irgendwann fing sie an, die Warnungen zu ignorieren und trat eine Lehre als Bewegungspädagogin an. Bald ist die Ausbildung fertig. Parallel hat Souen zahlreiche Weiterbildungen absolviert. «Ich möchte mich selbstständig machen. Noah soll sehen, dass man alles schaffen kann, wenn man hart arbeitet.»

Chantal arbeitet nach wie vor als Detailhandelsfachfrau. Und der Job gefällt ihr. Nebst der Arbeit und den beiden Buben bleibt ihr wenig Zeit für anderes. Im Gegensatz zu Souen wohnt sie nicht mehr allein. Der Freundschaft der beiden hat diese neue Beziehung nicht geschadet. «Ich war von Anfang an glücklich für Chantal», sagt Souen. Neid? Von wegen! «Ich wäre noch gar nicht bereit für eine neue Beziehung», sagt sie. Ihre Brüder und Eltern seien ihre Familie. Und da die alle in ihrer Nähe lebten, sehe sie diese häufig.

Souen

«Noah soll sehen, dass man alles schaffen kann, wenn man hart arbeitet.»

Souens Liebesleben war komplizierter als das von Chantal. Bevor sie Noahs Vater in Guadeloupe traf, lebte sie eine Weile in den USA. Dort hatte sie einen Mann geheiratet, den sie zuvor als Touristin auf dem Eiffelturm in Paris kennengelernt hatte. «Es war Schicksal», sagt sie. Da sie sich in der Deutschschweiz ohnehin nicht einleben konnte, wanderte sie Hals über Kopf aus. «Die afroamerikanische Szene in den USA wurde meine Heimat.» Doch mit dem Ehemann lief es bald nicht mehr gut. Es kam zur Scheidung.

Beide Frauen haben die Schwangerschaft früh genug bemerkt. Beide hätten das Kind abtreiben können. Doch für beide kam das nicht infrage. «Ich war schon unsicher, ob ich das schaffen würde», sagt Chantal. Gespräche mit Fachleuten hätten sie rasch beruhigt. «Ich wusste, dass es in der Schweiz Hilfe gibt für junge Mütter wie mich.» Für Souen war die Schwangerschaft keine Überraschung: Ihr damaliger Freund und sie liessen es darauf ankommen. «Wir waren verlobt und wollten heiraten, wir freuten uns auf das Kind.»

Hätte er nicht angefangen, Souen zu unterdrücken, wären die beiden vielleicht noch ein Paar. Sein Verhalten zwingt Souen aber bis heute, auf Abstand zu bleiben: «Noah meint, er werde auch so böse wie sein Vater. Das hat Noah tatsächlich mal so formuliert», sagt sie. «Aber so etwas darf er nicht denken.» Sie werde nicht mehr nach Guadeloupe reisen, zumindest in nächster Zeit nicht.

Jejomar hingegen hat mit dem Lebenspartner seiner
Mutter einen Vater bekommen. Dieser nehme beide
Kinder, Jejomar und seinen leiblichen Sohn Louan, als
seine Söhne wahr, sagt Chantal. Und wenn sie mitt-
wochs mit Souen ins Hip-Hop geht, kümmert er sich um
sie. Auch Souen kann immer auf Babysitter zählen.
Wenn Chantal Zeit hat, hütet sie – sonst stehen Brüder
und Eltern parat.

Die beiden Frauen sitzen seit einer Stunde auf dem
Bänkchen, ihre Schals haben sie inzwischen satt um
den Hals gebunden, die Reissverschlüsse der Jacken hoch-
gezogen. Den Buben scheint die österliche Kälte nichts
auszumachen. Sie toben sich auf den Schaukeln aus und
kicken den Ball von einer Ecke des Spielplatzes in die
andere. Jejomar, dessen typisch philippinischer Name sich
aus den Anfangsbuchstaben von Jesus, Josef und Maria
zusammensetzt. Und Noah, dessen Name ursprünglich
‹Trost› bedeutet.

Chantals und Souens Freundschaft wird von den Kindern dominiert. Die Frauen gehen bis auf den Hip-Hop-
Kurs nie alleine aus. Sobald Souen ihren Abschluss
ebenfalls in der Tasche hat, wollen sie verreisen – ein
Wochenende ohne Kinder. «Berlin wäre toll!», sagt Chantal. «Oder Barcelona!» Souen ist beides recht. Hauptsa-
che shoppen, plaudern, nur an sich denken. Bis es so weit
ist, treffen sie sich im ‹Park zum Grünen›. Zu besprechen
haben die beiden genug.

Das gescheiterte zehnte Porträt

«Ihr habt mich beeindruckt!»

Was die Autorin von den jungen Müttern gelernt hat, die sie für dieses Buch porträtiert hat. Und warum sie ihr vielleicht doch auch ein bisschen etwas verschwiegen haben.

Von Martina Rutschmann

Das gescheiterte zehnte Porträt

Treffpunkt Tramhaltestelle. Das erste Tram hält an.
Mehrere Frauen in Mayas* Alter steigen aus. Doch
keine hat kurze rote Haare, so wie Maya mir ihre Frisur
am Telefon beschrieben hatte. Ich warte das nächste
Tram ab, dann rufe ich Maya an. Sie nimmt nicht ab. Das
übernächste Tram kommt, das überübernächste. Drei
Mal habe ich Maya inzwischen angerufen. Nichts. Auch
auf meine SMS antwortet sie nicht. Was ist los?

Mayas Rückzieher
Wir hatten uns für 14 Uhr verabredet. Maya sollte mir
für dieses Buch ihre Geschichte erzählen, ihre und
die ihres Sohnes, den sie erst vor sieben Monaten zur
Welt gebracht hat. Sie hatte zugesagt, wir wollten einen
Spaziergang machen. Und jetzt? Obwohl ich Maya noch
nie gesehen habe, mache ich mir Sorgen. Ist ihr etwas
zugestossen? Ist womöglich dem Kind etwas passiert?
Oder hat sie einfach kalte Füsse bekommen? Möchte sie
doch nicht mit mir über die schwierige Situation sprechen, in der sie sich als junge alleinerziehende Mutter
ohne Ausbildung befindet? Oder hat Maya einfach ver-
schlafen?

Maya ist die einzige von zehn Frauen, deren Porträt
für dieses Buch nicht zustande kommt. Stunden nach
dem geplatzten Treffen teilt sie mir per SMS mit, dass
sie ihre beste Freundin auf die Notfallstation begleiten
musste und deshalb nicht kommen konnte. In den Folge-

tagen – Funkstille. Ein neuer Termin kommt nicht zustande. Maya will nicht, und sie will auch nicht über ihre Gründe für den Rückzieher sprechen. Das ist ihr gutes Recht. Nicht jede junge Mutter möchte ihre Lebensgeschichte in einem Buch verewigt wissen. Wer weiss, was in zehn Jahren ist?

Chicken-Nuggets-Vorurteile
Als ich angefragt wurde, junge Mütter zu porträtieren, gingen mir automatisch Bilder durch den Kopf. Bilder von überforderten Frauen mit Kinderwagen und ohne Mann, Bilder von Frauen, die Geld vom Staat brauchen, um sich und ihr Kind über Wasser halten zu können. Die sich von Pommes und Chicken-Nuggets ernähren. Die selbst noch halbe Kinder sind und selbst schuld, dass sie die frühe Mutterschaft nicht verhindert haben. Es waren Vorurteile. Ich habe die Frauen vorverurteilt, bevor ich sie persönlich getroffen hatte. Doch schon nach dem ersten Gespräch merkte ich, dass meine Vorstellungen nicht zutrafen. Im Laufe der Arbeit für dieses Buch lösten sich die Bilder in meinem Kopf immer mehr auf und wurden durch neue, unerwartete Geschichten ersetzt. Nur manche meiner ursprünglichen Bilder wurden bestätigt.

«Ich bin mit meiner Situation überfordert», diesen Satz beispielsweise habe ich bei keinem Interview gehört. Einige Frauen haben im Gegenteil von sich aus

Das gescheiterte zehnte Porträt

Maya landete im Gegensatz zu den anderen Frauen nicht in einem besetzten Haus oder im Heim, sondern im Bordell.

betont, dass ihnen ihr Muttersein bisher zu keinem Zeitpunkt zu viel gewesen sei. Andere räumten auf Nachfrage zwar ein, es sei manchmal schon schwierig, alles unter einen Hut zu bringen – von Überforderung war aber nie die Rede.

Eine Fülle an Herausforderungen
Meret Gfeller, Kursleiterin bei AMIE Basel, kennt diese Tendenz zur positiven Darstellung der eigenen Situation: «Den jungen Frauen ist es zu Beginn des Kurses sehr wichtig, einen guten Eindruck zu hinterlassen, zu zeigen, dass sie alles im Griff haben und ein gutes Mami sind – und das erst noch gern.» Mit der Zeit zeigten sich aber bei den meisten Kursteilnehmerinnen Anzeichen von Überforderung, mal mehr, mal weniger. «Das ist völlig normal, bei allen Eltern, vor allem aber, wenn man die Lebenslagen der Frauen kennt, die wir begleiten», sagt Meret Gfeller. «Die meisten AMIE-Frauen haben noch keine Ausbildung absolviert, beziehen Sozialhilfe, ziehen ihr Kind alleine auf und haben kein tragfähiges soziales Umfeld.»

Mit anderen Worten: All diese Frauen müssen mehrere Probleme auf einmal allein bewältigen, existenzielle Probleme. Mit der Mutterschaft bricht eine Fülle an Herausforderungen über sie herein. Das zehrt an den Nerven und raubt Kraft.

Die Mutterliebe

Trotz all der Schwierigkeiten – da ist noch etwas Besonderes, wovon mir alle Frauen erzählen: die Liebe zu ihrem Kind. Nur Frauen, die Mutter sind, wissen, wovon die Rede ist. Ich bin selbst leider nie Mutter geworden, bin dem Gefühl durch die Gespräche mit den Müttern aber näher gekommen. Muttersein klang in den Schilderungen so, wie man sich Liebe in Reinkultur vorstellt – ohne Wenn und Aber. Muttersein schützt aber nicht vor der Sehnsucht nach Freiheit und Un-Verantwortung. Das einzugestehen, scheint für die jungen Mütter in den Gesprächen jedoch tabu. Schuld daran ist die Gesellschaft. Mütter müssen Heilige sein, selbstlose Wesen.

Und junge Mütter sind diesbezüglich besonders gefordert. «Sie werden von fremden Personen auf ihr Alter angesprochen oder müssen in der Kinderkrippe beweisen, dass sie genauso gute Mütter sind wie Frauen, die älter sind», sagt Meret Gfeller. «Doch sie werden auch abgesehen von ihrem jungen Alter stigmatisiert.» Arbeitslos, Sozialhilfe, keine Ausbildung und zum Teil unter Beobachtung der Kindes- und Erwachsenenschutzbehörde. «Häufig hatten sie selbst keine einfache Kindheit, sind mit geringen finanziellen Mitteln aufgewachsen, waren im Heim, erlebten Gewalt oder hatten Eltern mit einer Suchtproblematik.» Umso grösser sei der Wunsch, es besser zu machen, nicht dieselben Fehler wie die eigenen Eltern zu begehen.

Starke Frauen

So verschieden die Charaktere der Frauen sind, die dieses Buch vorstellt – der Traum von einem guten Leben ist bei allen derselbe. In zehn Jahren wollen sie alle einen guten Job haben, ein glückliches und selbstsicheres Kind oder mehrere und ein sicheres Leben. Am liebsten mit einem Mann an der Seite – wenn es noch immer der Vater des Kindes ist, dann soll er bis dahin Ehemann sein. Keine der Frauen träumt von einem Leben, das unrealistisch wäre, einem Leben als Filmstar oder dergleichen. Alle stehen mit beiden Füssen auf dem Boden oder vermitteln zumindest diesen Eindruck.

Jede einzelne Interviewpartnerin hat mich beeindruckt. Jede Frau war auf ihre Art sehr stark. Ihre Geschichten ähneln sich, sind bei genauem Hinhören aber doch ganz anders. Klar, da war diese – in den allermeisten Fällen ungewollte – Schwangerschaft. Was tun? Abtreiben? Durchziehen? Kaum eine Frau sagte, dass sie hätte abtreiben wollen, wenn es möglich gewesen wäre. Oft war es ohnehin schon zu spät. Und was, wenn das Kind dieses Buch einmal in die Hände bekommt und liest, dass es unerwünscht war? Ein Spagat, über den es sich nicht lohnt nachzudenken. Die Kinder sind da und ihre Mütter lieben sie. Aber halten sie diese Liebe, halten sie diese Kinder auch immer aus?

«Es ist eine grosse Hürde, in einer Gruppe von Müttern zuzugeben, das eigene Kind nicht gewollt zu haben oder damit überfordert zu sein», sagt Meret Gfeller. Äussere eine Frau trotzdem etwas in diese Richtung, werfe dies hohe Wellen. «Die anderen Mütter reagieren oft mit Unverständnis.» Erst nach gemeinsamen Diskussionen komme die eine oder andere Frau selbst aus dem Busch und gebe zu, ebenfalls an ihre Grenzen zu kommen. Die Angst, dass dieses Eingeständnis falsch verstanden werde, sei riesig, sagt Gfeller. «Jede Mutter im Kurs liebt ihr Kind, dennoch ist es möglich, dass sie mit ihrer Situation und insbesondere mit der anstehenden Anforderung, Mutterschaft und Beruf zu vereinbaren, überfordert ist.»

Bei solchen Frauen sei die Hürde, Überforderung zuzugeben, besonders hoch, da sie die gesellschaftlichen Anforderungen bezüglich Ausbildung und Job ebenfalls noch nicht erfüllten. «Ihnen ist es wichtig, ihrem Kind das bestmögliche Leben zu ermöglichen», sagt Gfeller.

Ihr schafft es alle!
Ich hätte Maya sehr gern kennengelernt. Ihre Vergangenheit ähnelt in vielerlei Hinsicht jener der anderen Frauen. Marodes Elternhaus, kaum Geld, wenig Perspektiven. Doch Maya landete im Gegensatz zu den anderen Frauen nicht in einem besetzten Haus oder im Heim, sondern im Bordell. Dort bekam sie Kost und Logis. Und wurde schwanger. Davon hätte sie mir erzählen sollen, doch Maya hat sich dagegen entschieden. Ich weiss nur, dass ihr Kind ohne Vater aufwächst. In

diesem speziellen Fall aus gutem Grund, doch die wenigsten Frauen, die ich getroffen habe, sind noch mit dem Vater ihres Kindes zusammen. Oft haute der Vater ab, bevor sein Kind überhaupt geboren war.

Ein Drittel der AMIE-Frauen schliesst die Lehre ab. Das klingt nach wenig, ist laut Meret Gfeller aber eine gute Bilanz, wenn man sieht, was die Frauen nebst der arbeitsintensiven Lehre alles bewältigen müssen.

Ich wünsche mir, dass auch die anderen zwei Drittel ihren Weg finden. Mein Gefühl sagt mir, dass sie es alle schaffen – jede auf ihre Art. Um die Kinder mache ich mir keine Sorgen. Ich wünsche euch allen das Beste. Ihr seid grossartig.

Martina Rutschmann arbeitet als Autorin und Moderatorin in Basel.

* Name geändert

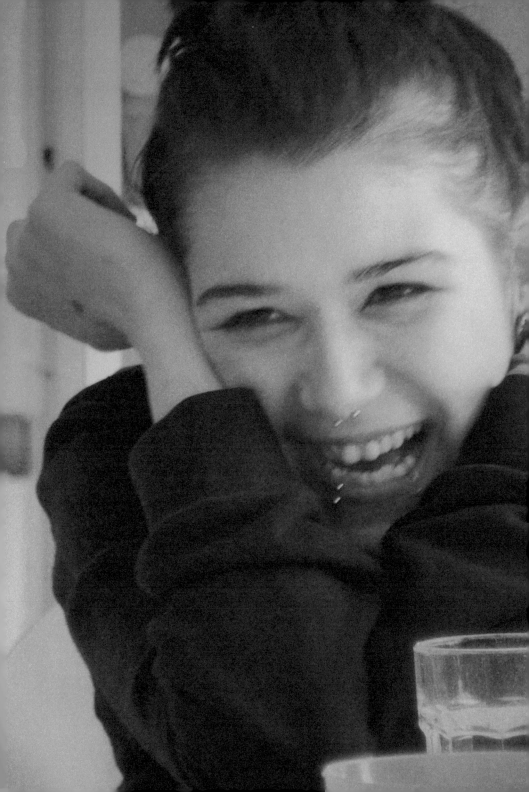

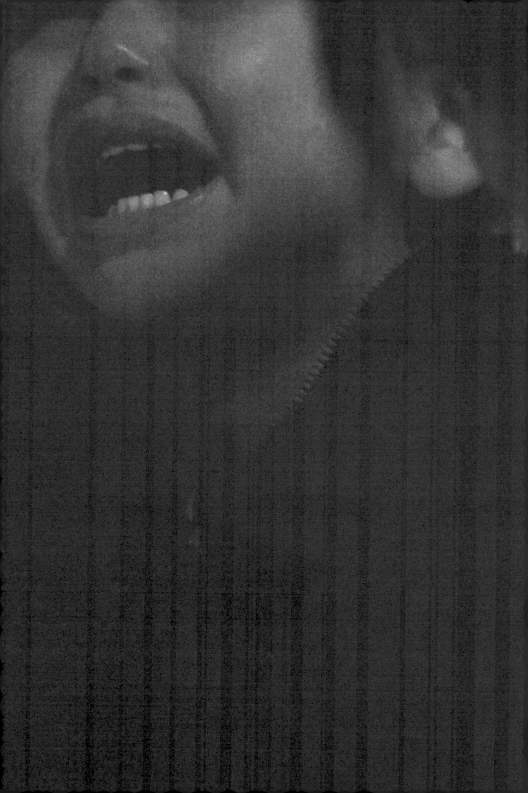

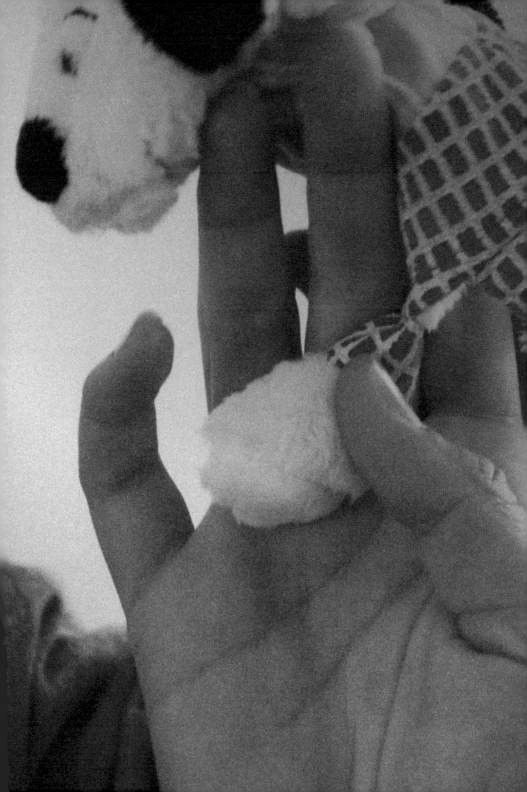

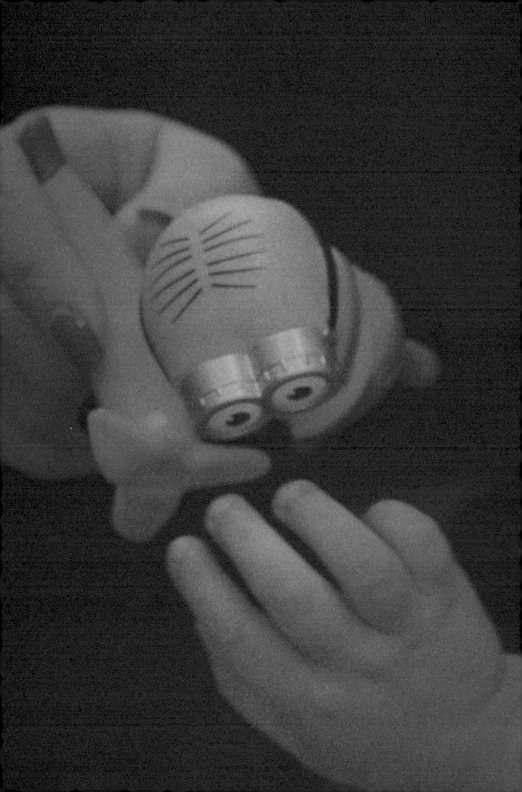

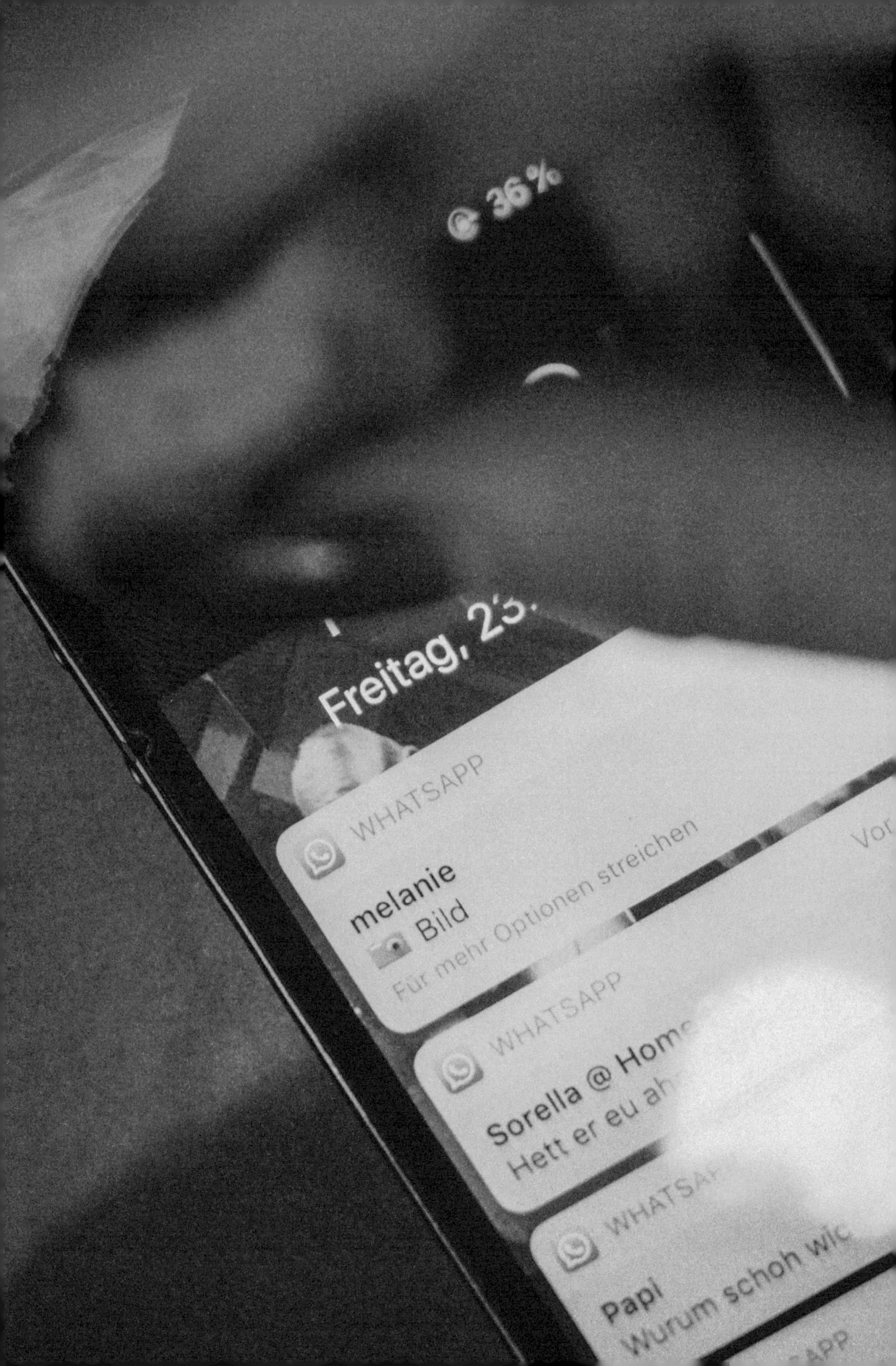

🕐 36%

Freitag, 2.5.

WHATSAPP

melanie
📷 Bild
Für mehr Optionen streichen

WHATSAPP

Sorella @ Hom
Hett er eu ah

WHATSAPP

Papi
Wurum schoh wic

Junge Mütter verdienen unseren Respekt

Für junge Mütter ist es extrem schwierig, eine eigenständige wirtschaftliche Existenz aufzubauen. AMIE gibt ihnen die nötige Unterstützung.

Von Franziska Reinhard

Ich ziehe den Hut vor jungen Frauen, die alleine ein Kind erziehen. Ich bewundere die motivierten Mütter, die sich der grossen Herausforderung stellen, gleichzeitig neben der Kindererziehung den Einstieg in die Berufswelt anzustreben. Der Verein ‹AMIE – Berufseinstieg für junge Mütter› unterstützt jedes Jahr rund zwanzig junge Frauen zwischen sechzehn und sechsundzwanzig Jahren auf diesem Weg. Wir fördern und begleiten die jungen Frauen dabei, Mutterschaft und Beruf zu vereinen. Während eines Jahres werden sie auf den Berufseinstieg und den Arbeitsalltag als Mutter mit Betreuungspflichten vorbereitet.

Teufelskreis der Abhängigkeit durchbrechen
Als junge Frau ein Kind zu bekommen, bedeutet in unserer Gesellschaft ein erhöhtes Armutsrisiko. Sozialhilfeabhängigkeit ist für viele alleinerziehende junge Mütter eine bittere Realität. Vier von fünf Müttern unter fünfundzwanzig Jahren leben von der Sozialhilfe (siehe dazu auch den Beitrag von Nicolas Galladé). Diese Zahlen haben mich erschüttert. Sie zeigen, wie wichtig die Arbeit von AMIE ist.

Der Weg aus der Sozialhilfeabhängigkeit ist steinig. Es gibt zwar junge Mütter, die sich ihrem Schicksal als Sozialhilfeempfängerin ergeben. Sie sind aber in der Minderheit. Jene Frauen, die den AMIE-Kurs besuchen, möchten den Teufelskreis durchbrechen und von der Sozialhilfe unabhängig werden.

Unsere Kursteilnehmerinnen haben keine geradlinigen Lebensläufe, oft haben sie in ihrer Vergangenheit Belastendes erlebt. Was sie alle gemeinsam haben: Sie sind auf sich alleine gestellt in ihrer Situation als junge Mutter. Wir berücksichtigen zwar die individuellen Voraussetzungen und Biografien der jungen Frauen, gehen in unserer Arbeit aber hauptsächlich zukunftsgerichtet vor. Wir schauen in die Zukunft und zeigen den Frauen Möglichkeiten auf, ihren eigenen Weg gemeinsam mit ihrem Kind zu gehen und ihr Leben in die eigenen Hände zu nehmen. Der Wunsch, aus der Sozialhilfeabhängigkeit auszubrechen, ist der grösste Motivator, an unseren Kursen teilzunehmen.

Ein wichtiger Teil unserer Arbeit besteht darin, den Frauen die Möglichkeit zu geben, Freundschaften aufzubauen. Die Gefahr, sich als alleinerziehende Frau sozial zu isolieren, ist gross. Immer wieder sagen uns Kursteilnehmerinnen, dass sie nie gedacht hätten, dass es so viele andere junge Mütter gibt. Wir möchten den Frauen deshalb nicht nur Wissen vermitteln, sondern auch dabei helfen, ein tragendes Netzwerk aufzubauen.

Tragfähige Netzwerke
Der Netzwerk-Gedanke war für die Arbeit von AMIE von Anfang an zentral. Im Jahr 2007 entstand AMIE als Pilotprojekt aus einer Zusammenarbeit des Gewerbeverbands Basel-Stadt, der Sozialhilfe Basel-Stadt und

‹familea›, dem ehemaligen Basler Frauenverein. Die Sozialhilfe finanzierte das Angebot für ihre Klientinnen. ‹Familea› war der Partner für die professionelle Kinderbetreuung. Dass mit dem Gewerbeverband keine soziale Institution, sondern ein Arbeitgeberverband hinter dem Projekt stand, hat ihm bei Arbeitgebenden von Anfang an eine hohe Glaubwürdigkeit verschafft.

Im Dezember 2014 wurde aus dem Projekt AMIE ein unabhängiger Verein und das Angebot nach sieben Jahren aus dem Gewerbeverband ausgelagert, zu dem wir natürlich weiterhin gute Kontakte pflegen. Als Verein ist AMIE agil und hat kurze Entscheidungswege. So können wir schnell auf Veränderungen reagieren und junge Mütter auch in Zukunft auf ihrem Weg in die Berufswelt begleiten.

Wichtig für unsere Arbeit ist der Austausch mit Partnerprojekten in der ganzen Schweiz. Seit 2011 existiert das Projekt Junge Mütter der Stadt Bern. Ein Jahr später wurde nach Basler Vorbild AMIE Zürich gegründet und 2013 startete mit der Unterstützung von AMIE Basel ‹MiA-Innerschweiz›. Die vier Organisationen bilden ein Netzwerk und sind auf der Plattform jungemutter.ch vereinigt.

Franziska Reinhard ist Gründerin und Geschäftsführerin von AMIE Basel.

Zahlen und Fakten

Es folgt eine Übersicht über die Angebote zum Berufseinstieg für junge Mütter in der Deutschschweiz.

Weitere Informationen finden sich unter
www.jungemutter.ch.

AMIE Basel
Gründung: 2007
Trägerschaft: Verein AMIE (2015 gegründet)
Angebot: Jahreskurs, Coaching, Nachbetreuung
Anzahl Teilnehmerinnen pro Jahr: ca. 22
Durchschnittsalter Teilnehmerinnen: 22,5 Jahre
Alter der Kinder: 0–8 Jahre

MiA-Innerschweiz
Gründung: 2013
Trägerschaft: Albert Koechlin Stiftung
Angebot: Jahreskurs MiA 50–60% (August–Juli),
Vorkurs 20% (Februar–Juni), Coaching
Anzahl Teilnehmerinnen pro Jahr: ca. 18
Durchschnittsalter Teilnehmerinnen: 23 Jahre
Alter der Kinder: 3 Monate–10 Jahre

Projekt Junge Mütter der Stadt Bern
Gründung: 2011
Trägerschaft: Stadt Bern, Kompetenzzentrum Arbeit KA
Angebot: Coaching-, Bildungs- und Arbeitsmodule
Anzahl Teilnehmerinnen pro Jahr: ca. 10–12
Durchschnittsalter Teilnehmerinnen: 22 Jahre
Alter der Kinder: 0–8 Jahre

AMIE Zürich
Gründung: 2012
Trägerschaft: Schweizerisches Arbeiterhilfswerk
SAH Zürich
Angebot: Coaching, Bildung, Begleitung,
Gruppenprogramm
Anzahl Teilnehmerinnen pro Jahr: ca. 8–14
Durchschnittsalter Teilnehmerinnen: 22 Jahre
Alter der Kinder: 0–7 Jahre

*Anschlusslösungen der Abgängerinnen
dieser Institutionen:*

*1. Ausbildungen mit Eidgenössischem
   Fähigkeitszeugnis (EFZ):*
Automobil-Mechatronikerin, Bekleidungsgestalterin,
Coiffeuse, Dentalassistentin, Detailhandelsfachfrau,
Fachfrau Betreuung Behindertenbetreuung, Fachfrau
Betreuung Betagtenbetreuung, Fachfrau Betreuung
Kinderbetreuung, Fachfrau Betriebsunterhalt, Fachfrau
Gesundheit, Fachfrau Hauswirtschaft, Grafikerin,
Hotelfachfrau, Kauffrau, Köchin, Logistikerin, Malerin,
Medizinische Praxisassistentin, Pharma-Assistentin,
Polydesignerin 3D, Polygrafin, Produktionsmechanikerin,
Zahntechnikerin

2. Ausbildungen mit Eidgenössischem
   Berufsattest (EBA):
Assistentin Gesundheit und Soziales, Büroassistentin,
Coiffeuse, Detailhandelsassistentin, Floristin, Haus-
technikpraktikerin, Hauswirtschaftspraktikerin, Hotel-
lerieangestellte, Restaurationsangestellte, Schreiner-
praktikerin, Unterhaltspraktikerin

3. Weitere Anschlusslösungen:
Arbeitsintegration Flüchtlingshilfe SRK, Arbeitsstelle
(ohne Lehre), Berufliche Integration IV, Bürofachdiplom,
Elektropraktikerin PrA, Matura für Erwachsene, Pflege-
helferin SRK, Praktika oder Vorpraktika in diversen
Bereichen, Vorlehre

Fokus Kind

«Eine gute Mutterschaft ist keine Frage des Alters»

Heidi Simoni, Leiterin des ‹Marie Meierhofer Institut für das Kind›, räumt mit Vorurteilen auf: Eine gute Mutter zu sein, hat nichts mit Alter und Bildungsgrad zu tun.

Heidi Simoni im Interview mit Benedikt Pfister

Fokus Kind

Heidi Simoni, wo liegt das Problem, wenn junge Eltern Kinder erziehen?

Heute gilt eine Elternschaft vor dem dreissigsten Geburtstag und erst recht unter fünfundzwanzig als etwas Besonderes. Das ist aus meiner Sicht absurd. Es ist unabhängig vom Alter etwas Unvergleichliches, ein Kind aufwachsen zu sehen und es dabei begleiten zu dürfen. Und junge Erwachsene haben die nötige Energie und Spontaneität dafür und oft auch das Vertrauen, dass es gut kommt. Zudem verlaufen Schwangerschaften und Geburten bei jungen Frauen tatsächlich unkomplizierter und risikoärmer als bei älteren.

Bei jungen Erwachsenen sehe ich bezüglich Elternschaft also grundsätzlich kein Problem. Ich kann mit zwanzig auf Reisen gehen oder mit fünfzig. Es ist schlicht nicht alles gleichzeitig möglich. Ich würde nicht wagen zu entscheiden, wofür genau Jünger- oder Ältersein eine besonders günstige Voraussetzung ist.

Und wie ist es mit ganz jungen Eltern?

Wenn eine Jugendliche oder ein Jugendlicher Mutter beziehungsweise Vater wird, sieht die Sache etwas anders aus. Er oder sie müsste sich mit der Ablösung von den eigenen Eltern, mit der Berufswahl, mit der eigenen Person, mit ersten Liebesbeziehungen und Partnerschaften beschäftigen und einen Lebensentwurf entwickeln können. In dieser Situation die Verantwortung für ein Kind zu übernehmen, und zwar jeden Tag und für die kommenden zwanzig Jahre, ist hart. Das Gefühl, durch das Kind etwas zu verpassen, ist sehr gut nachvollziehbar.

Dass die Eltern etwas verpassen können, ist das eine. Leiden letztlich nicht vor allem die Kinder?

Manchmal wird eine Schwangerschaft als Ausweg aus einer persönlich oder sozial sehr schwierigen Situation erlebt. Das ist höchst trügerisch. Das Gefühl, etwas so Vollkommenes wie ein Baby selbst ‹zustande gebracht› zu haben, hält nicht an. Das Kind ist vom ersten Moment an eine zwar stark abhängige, aber hoffentlich eigenwillige Person. Der Alltag mit einem Säugling und Kleinkind ist für jede Mutter und jeden Vater anstrengend und oft verunsichernd. Deshalb scheint es ein gewisses Risiko für das Aufwachsen eines Kindes zu sein, wenn seine Eltern selbst noch Jugendliche sind. Heikel ist es zudem fürs Elternwerden, wenn sich ein Paar kaum kennt und beide noch wenig Erfahrung mit einer Partnerschaft haben.

Jung, keine Ausbildung, Mutter: Ist es überhaupt möglich, unter diesen Voraussetzungen den Weg ins Berufsleben zu finden?

Oft wird behauptet, dass die berufliche Laufbahn durch eine frühe Elternschaft behindert werde. Ich ken-

ne allerdings mehrere Frauen, die wegen – und nicht
trotz – eines Kindes ihren Weg durchs Leben sehr gut
gefunden haben. Eine frühe Mutterschaft vermittelt eine
Richtung und hilft zu erkennen, was einem wichtig ist
und was nicht. Ist es tatsächlich die Übernahme von Fa-
milienaufgaben oder sind es nicht viel mehr die Arbeits-
bedingungen, die Müttern Steine in den Weg legen?

*Wahrscheinlich erschweren sowohl Vorurteile und
Stereotypen als auch die Doppelbelastung in Beruf und
Familie die berufliche Entwicklung junger Mütter.
Tatsache ist, dass diese zu einem grossen Anteil von
der Sozialhilfe abhängig sind.*
Die finanzielle Absicherung der Familie ist für
viele junge Eltern tatsächlich ein grosses Problem, das
stimmt. Junge Menschen kommen allerdings besser
mit bescheidenen Mitteln zurecht als ältere, die oft einen
höheren Lebensstandard gewohnt sind. Ich möchte damit aber keinesfalls das Problem von Familienarmut
kleinreden. Auch hier sehe ich die Ursache des Problems
nur teilweise beim Alter der Eltern. Vieles hängt davon
ab, wie wir uns als Gesellschaft organisieren.

Wie meinen Sie das?
Letztlich ist es eine Frage des sozialen Netzes und der
Unterstützung, die junge Mütter, Väter und ihre Kinder
erfahren. Sie brauchen staatlich wie privat passende Hil-

fe. Ganz wichtig ist es, die Lebenssituation einer jungen Mutter oder eines jungen Vaters ganzheitlich im Blick zu haben. Isolation und Perspektivlosigkeit sind Gift für jede Elternschaft und die betroffenen Kinder.

Wichtige Leitfragen lauten: Wie kann sie oder er Ausbildung, Existenzsicherung und Kinderbetreuung unter einen Hut bringen? Welche Lösungen gibt es dafür? Erhält sie oder er Ausbildungsbeiträge und Betreuungsgutscheine? Wann findet sich Raum zum Lernen? Bleibt ausreichend Zeit für das Kind und um ab und zu Freunde zu treffen?

Was braucht ein Kind denn? Idealerweise wohl einfach Vater und Mutter, oder?

Kinder müssen nicht unbedingt mit zwei Eltern aufwachsen und schon gar nicht mit den biologischen. Aber sie brauchen ein Beziehungsnetz und sollten nicht auf Gedeih und Verderb von einer einzigen Person abhängig sein. ‹Allein erziehend› heisst für mich, dass die Verantwortung für ein Kind im Grossen wie im Kleinen tatsächlich bei einer Person liegt. Das ist für alle Beteiligten nicht ideal. Für Mütter und Väter ist die Möglichkeit, die Verantwortung und den Alltag mit jemandem teilen zu können, enorm entlastend und bereichernd. Fürs Kind sind letztlich drei Dinge wichtig:

Gibt es mindestens eine vertraute, verfügbare und verlässliche Person? Sie muss nicht perfekt, sondern nur ‹gut genug› sein. Verlässlich und verfügbar sein schliesst nicht aus, dass ich die Betreuung des Kindes mit anderen teile, eine Ausbildung mache, Freundschaften pflege und Liebschaften habe.

Gibt es ein soziales Netz? Gibt es einen Bekannten- und Freundeskreis mit verschiedenen Erwachsenen und Kindern?

Kennt das Kind seine Wurzeln? Kann es sein Verhältnis zu beiden Eltern klären? Erfahrungsgemäss haben Kinder früher oder später das Bedürfnis, ihre Geschichte und beide biologischen Eltern kennenzulernen.

Eine Trennung der Eltern muss demnach für ein Kind gar nicht so schlimm sein?

Ob die Bezugspersonen in einem oder in zwei Haushalten wohnen, ist nicht so wichtig. Die Scheidungsforschung zeigt, dass die Trennung von Eltern nicht per se ein schlimmer Schicksalsschlag ist, sondern manchmal den Weg für ein gutes Familienleben wieder ebnen kann. In jedem Fall muss die Beziehung zwischen den Erwachsenen stimmen. Wenn Eltern sich nichts zu sagen haben oder sich dauernd giftig streiten, ist das für alle Beteiligten schlimm und zermürbend. Auch Eltern, die kein Paar sind, müssen anständig miteinander umgehen können. Nach unserer Beobachtung ist es zudem sehr schwierig, als getrenntes Paar gemeinsam Eltern eines Babys zu werden. Das Scheitern einer Liebesbeziehung und damit einhergehende Verletzungen und Enttäuschungen sind immer schmerzhaft, erst recht in der Schwangerschaft und rund um die Geburt.

Wann wird eine solche Situation auch für das Kind zum Problem?

Das Aufwachsen mit einem alleinerziehenden Elternteil ist dann eine grosse Belastung, wenn dieser depressiv, alleingelassen, verzweifelt und überfordert ist. Das Kind kann sich dann ebenso ohnmächtig und schuldig fühlen wie seine nächste Bezugsperson. Manche Kinder beschäftigt auch die Frage, ob und warum der andere Elternteil sie nicht wollte. Grund sich minderwertig zu fühlen, hat ein Kind auch dann, wenn ledig Mutter zu werden als Schande und Versagen gewertet wird. Da sind wir als Gesellschaft noch nicht so lange darüber hinweg.

Wie wichtig es für ein Kind, sowohl eine weibliche wie auch eine männliche Bezugsperson zu haben?

Ich erachte es als ausgesprochen wichtig, dass Kinder Beziehungen zu männlichen und weiblichen Personen haben können. Es ist für Mädchen und Jungen wertvoll, mit unterschiedlichen Menschen Erfahrungen zu sammeln und von ihnen zu lernen. Das hilft, herauszufinden, wer ich selbst bin und was ich möchte. Das Geschlecht ist auch diesbezüglich ein facettenreiches

Merkmal. Was uns als Gesellschaft sehr guttäte, wären
mehr Männer, die Fürsorge für junge und alte Menschen
übernehmen.

*Dr. Heidi Simoni ist Fachpsychologin für Psychotherapie
FSP. Sie beschäftigt sich mit der frühen Entwicklung
von Kindern in Familien und familienergänzenden Kon-
texten und dem Schutz, der Förderung und der Beteili-
gung von Kindern. Heidi Simoni ist Leiterin des ‹Marie
Meierhofer Institut für das Kind› und unter anderem Mit-
glied der Kinderschutzkommission des Kantons Zürich.
Sie hat einen Lehrauftrag an der Fakultät für Psychologie
der Universität Basel. Ein Team des MMI hat die Tätigkeit von AMIE Basel 2014 und 2018 im Rahmen von Eva-
luationen analysiert.*

*Benedikt Pfister ist Historiker und Textredaktor
dieses Buches.*

In der besten aller Welten

Was wäre die beste aller Welten für junge Mütter? Wer die Gesellschaft mitgestalten will, muss sich von Idealen leiten lassen.

Von Nicolas Galladé

In der besten aller Welten haben junge Mütter Sicherheit. Und zwar sowohl wirtschaftliche Sicherheit wie auch persönliche Sicherheit.

Wirtschaftliche Sicherheit meint eine finanzielle Existenzsicherung, die selbstverständlich und ohne Stigmatisierung in Anspruch genommen werden kann. Dafür existieren bereits Modelle. Eines davon, das radikal tönen mag, ist die Negativsteuer: Staatliche Unterstützungsleistungen werden automatisch aufgrund der Steuererklärung ausbezahlt, wenn eine Person zu wenig Geld zum Leben hat. Statt Steuern zu bezahlen, erhalten Bedürftige also ‹Steuern› ausbezahlt. Ein anderes Modell, das die Kantone Waadt und Solothurn bereits umsetzen, sind Familien-Ergänzungsleistungen. Hierbei werden erwerbstätige Familien unterstützt, deren Lohn nicht existenzsichernd ist. Das Modell bietet Anreize zur Erwerbstätigkeit und der – oft stigmatisierende – Gang zur Sozialhilfe entfällt.

Bessere Bedingungen sind keine Utopie
Persönliche Sicherheit bezieht sich auf das direkte Umfeld. Denn Mütter – besonders wenn ihr Baby noch klein ist – sind in ihrem Bewegungsradius eingeschränkt. Mit der Mutterschaft, der engen Bindung zum Kind und dessen Bedürfnissen wird wichtig, was in nächster Nähe liegt: die eigene Wohnsituation, die Nachbarschaft, das Quartierleben und die erreichbare Unterstützung.

In der besten aller Welten gibt es also kinderfreundliche Quartiere und Nachbarschaftshilfe – aber keine prekären Wohnsituationen. Bei persönlicher Sicherheit denke ich auch an Prävention von häuslicher Gewalt, die in der Schweiz erschreckend häufig ist und deren Opfer zumeist Frauen und Kinder sind.

In der besten aller Welten gibt es eine qualitativ hochstehende, bezahlbare Kinderbetreuung und ein Schulsystem, das mit dem Leben von berufstätigen Eltern vereinbar ist. Ein bezahlter Elternurlaub vereinfacht den Einstieg in den neuen Lebensabschnitt. Das alles ist keine Utopie: In anderen Ländern sind Elternzeit und Tagesschulen Standard und die familienergänzende Kinderbetreuung wird vom Staat und oft auch von Arbeitgebern viel stärker mitfinanziert als in der Schweiz.

Junge Mütter erhalten in der besten aller Welten eine gute persönliche Unterstützung. Die klassische Mütter- und Väterberatung ist ein wichtiges niederschwelliges Angebot, das bereits heute zur Verfügung steht. Darüber hinaus brauchen aber viele junge Mütter spezifischere Unterstützung. Sei es eine kurzfristige Entlastung in Situationen akuter Überforderung oder sei es persönliche Beratung zur Entwicklung von Berufs- und Lebensperspektiven. Das belegen Erfahrungen aus Programmen wie AMIE in Basel und Zürich, MiA-Innerschweiz, dem Projekt Junge Mütter in Bern oder BIM (Berufliche Integration von alleinerziehenden Müttern) in Biel. Manch-

mal kann diese persönliche Unterstützung durch das
nähere Umfeld einer jungen Mutter erbracht werden.
Doch das ist längst nicht immer der Fall. Dann sind die
Kommunen gefordert.

Wege aus der Armutsfalle
In der besten aller Welten werden junge Mütter darin
gefördert, eine Berufsausbildung zu machen und sich
Zukunftsperspektiven zu eröffnen. Dafür gibt es idealerweise Stipendien. Denn es ist belegt: Bildung hilft Alleinerziehenden entscheidend, aus der Armutsfalle heraus-
zukommen. Eine Frau wird in der idealen Welt nicht als
Rabenmutter bezeichnet, wenn sie sich für die Berufs-
tätigkeit entscheidet. Gerade sozial benachteiligte Kinder
verbessern ihre Startbedingungen nachweislich, wenn
sie frühe Förderung erfahren.

Die Männer nehmen in der besten aller Welten ihre
Verantwortung wahr: die Väter für ihre Kinder – und
die Politiker für eine Politik, die Chancengerechtigkeit
schafft und junge Mütter nicht vergisst. In der besten
aller Welten ist allen bewusst, dass die Förderung von
jungen Müttern immer auch der nächsten Generation,
nämlich deren Kindern, zugutekommt und diese sich
deshalb doppelt lohnt.

Packen wir es an!

Von dieser besten aller Welten sind wir weit entfernt. Kinder zu haben ist in der Schweiz ein Armutsrisiko. Das Armutsrisiko steigt noch an, wenn man alleinerziehend ist und die Kinder noch klein sind, weil die Vereinbarkeit von Erwerbs- und Familienarbeit erschwert ist. Über achtzig Prozent der jungen alleinerziehenden Mütter sind auf Sozialhilfe angewiesen. Dies hat die ‹Städteinitiative Sozialpolitik› – eine Sektion des Schweizerischen Städteverbandes – 2017 bei der Analyse von städtischen Sozialhilfekennzahlen festgestellt. Ein so hohes Armutsrisiko gibt es bei keiner anderen Personengruppe. Zum Vergleich: Die Sozialhilfequote der Schweiz beträgt im Durchschnitt 3,3 Prozent. Vier von fünf alleinerziehenden Müttern unter fünfundzwanzig Jahren haben also keine wirtschaftliche Sicherheit. In der Regel hatten sie noch kaum Zeit, sich beruflich zu festigen oder gar Ersparnisse aufzubauen.

Es ist kein individuelles Problem, wenn achtzig Prozent einer Personengruppe auf staatliche Hilfe angewiesen sind. Wir haben ein strukturelles Problem. Aber wir kennen nun die beste aller Welten. Machen wir uns auf den Weg dahin.

Nicolas Galladé ist Stadtrat von Winterthur und Präsident der ‹Städteinitiative Sozialpolitik›.

Fokus Arbeit

Mit fairen Chancen auf dem Arbeits- markt

Die Mehrfachbelastung junger Mütter ist für ihre Arbeitstätig- keit Herausforderung und Chance zugleich.

Von Benedikt Pfister

«Junge Mütter bringen eine gewisse Reife und Härte dem Leben gegenüber mit», sagt Thomas Mohler. Er findet lobende Worte für die Frauen, die einen Kurs von AMIE Basel besucht haben und in seinem Betrieb arbeiten. Sie hätten ein grösseres Verantwortungsgefühl als andere Angestellte. «Die jungen Mütter verfügen über viel Empathie, können sich aber auch professionell abgrenzen.» Thomas Mohler ist Geschäftsleiter der ‹b2 Genossenschaft›, einem Firmenkonglomerat, das die berufliche und soziale Integration von Menschen in schwierigen Situationen zum Ziel hat.

Keine Vorzugsbehandlung
Bereits vier junge Mütter haben bei ‹b2› eine zweijährige Lehre mit eidgenössischem Berufsattest im kaufmännischen Bereich abgeschlossen. Sie arbeiteten in der Administration der Genossenschaft. Und dies eben nicht im Rahmen von Projekten zur beruflichen Integration, sondern als ‹ordentliche Lernende›. Die nicht subventionierten Lehrstellen bei ‹b2› werden alle breit ausgeschrieben.

«Wir haben kein Kontingent für AMIE, zeigen aber viel Sympathie für Bewerbungen mit diesem Hintergrund», sagt Mohler. Man sehe sich als soziales Unternehmen in der Verantwortung und habe bei der Besetzung von Stellen auch soziale Kriterien. Die Anforderungen an AMIE-Frauen seien aber gleich hoch wie an andere

Lehrlinge und Angestellte und die jungen Mütter erhalten einen normalen Lehrlingslohn.

Eine Bevorzugung am Arbeitsplatz wäre auch nicht im Interesse des Vereins AMIE. Dieser will den jungen Müttern in Kursen das Rüstzeug für den Einstieg in den ersten Arbeitsmarkt vermitteln. Es sei entsprechend nie die Absicht gewesen, Kontingente für AMIE zu definieren, sagt Reto Baumgartner, Mitgründer von AMIE und Vizedirektor sowie Bereichsleiter Berufsbildung des Gewerbeverbands Basel-Stadt. «Wenn man den Frauen alles auf dem Silbertablett präsentiert, sind sie mit weniger Herzblut dabei. Wenn sie aber alles selbst erarbeiten, dann ist das nachhaltiger», so Baumgartner.

Geburtshelfer Gewerbeverband
Baumgartner spricht aus Erfahrung. Bis 2017 war er im Vorstand des Vereins tätig. Inspiriert von der Lehre für Sportlerinnen und Sportler hatte er AMIE zusammen mit Partnerorganisationen konzipiert und 2007 als Projekt des Gewerbeverbandes lanciert. 2014 wurde es als Verein unabhängig. Dank dem Gewerbeverband im Hintergrund «geniesst AMIE bei den Arbeitgebern eine hohe Glaubwürdigkeit», sagt Baumgartner. Die Kursteilnehmerinnen hätten sowohl bei Klein- wie auch bei Grossbetrieben faire Chancen auf eine Lehrstelle.

Entscheidend für den Erfolg sei aber letztlich das Engagement der Frauen. «Überall wird Leistung erwartet», sagt Baumgartner. «Wir können Kontakte zu Arbeitgebern herstellen und bei diesen Lobbying für AMIE-Frauen betreiben.» Eine Schnupperlehre organisieren und die Verantwortlichen von sich überzeugen müssten die Frauen aber selbst. Junge Mütter, die einen AMIE-Kurs besucht haben, finden vor allem im kaufmännischen Bereich, im Gesundheitswesen, in der Gastronomie oder im Detailhandel eine Anschlusslösung.

Alles unter einen Hut bringen
Auch bei ‹b2› hat man über den Gewerbeverband von AMIE erfahren. Thomas Mohler ist dankbar für die Erfahrungen, die er seither machen konnte. «AMIE-Frauen brauchen keine engere Kontrolle als andere Lehrlinge», so Mohler. Als Arbeitgeber müsse man trotzdem schon mal etwas mehr Toleranz aufbringen: «Eine alleinerziehende junge Mutter fehlt nicht nur, wenn sie selbst krank ist, sondern auch dann, wenn das Kind kurzfristig betreut werden muss.» Die Mehrfachbelastung sei für die jungen Mütter, aber auch für ihre Arbeitgeber Chance und Herausforderung zugleich. In einer Ausbildung brauche es neben Job und Familie nun mal auch Zeit zum Lernen. Mohlers Fazit: «Junge Frauen, die all das unter einen Hut bringen, kann man in jeder Firma brauchen.»

Benedikt Pfister ist Historiker und Textredaktor dieses Buches.

Fokus Väter

Und die jungen Väter?

Sie spielen in den Lebensge-schichten junger Mütter oft eine allzu nebensächliche Rolle: die Väter. Dabei ist die Bedeutung der Vaterschaft in Fachkreisen längst erkannt.

Von Claudio Miozzari

«Was? Ich muss nach einem Tag gleich wieder in die Schule gehen?» Für Martin* stellen sich mit der Schwangerschaft seiner Freundin ganz neue Fragen. Er kann es kaum glauben, dass Vaterwerden nicht wichtiger ist als etwa ein Umzug. Dass es in der Schweiz keinen Vaterschaftsurlaub, sondern nur einen Freitag gibt, hätte er sich nicht vorstellen können.

Abwesende Väter

Dass sich Martin überhaupt mit seiner zukünftigen Rolle als Vater beschäftigt, ist nicht selbstverständlich. Nicht alle jungen werdenden Väter sind bereit, sich mit dem Kommenden auseinanderzusetzen. «Die Väter fühlen sich oft weniger involviert als die Mütter», meint Meret Gfeller, Kursleiterin von AMIE, mit Blick auf die von ihr betreuten Frauen.

«Männer setzen sich oft weniger mit den Fragen auseinander, wann, wie und in welcher Rolle sie an der Gründung einer Familie beteiligt sein wollen», meint auch der Sozialpädagoge und ‹Mannebüro›-Gründer Lu Decurtins. Sie können eine Schwangerschaft eher verdrängen oder abstreiten als die Frau. Alte Rollenbilder, in denen vor allem die Frauen für Verhütung zuständig seien und die alleinige Verantwortung für Schwangerschaften tragen müssten, sind hier noch immer spürbar. Diese Bilder würden es auch Männern erschweren, ihre Rolle zu finden. «Zumal es dafür gar keinen Namen gibt, mit dem der Mann sich leicht anfreunden könnte: Partner einer schwangeren Frau? Schwängerer? Erzeuger? Vielleicht werdender Vater?», gibt Decurtins zu bedenken.

Recht auf Beratung
Martin möchte bereit sein, wenn er seine neue Rolle als Vater antritt. Zur Vorbereitung plant er deshalb, Beratung in Anspruch zu nehmen. Die ist gar nicht so einfach zu finden. Obwohl werdende Väter einen gesetzlichen Anspruch auf Unterstützung haben, sind sich die Beratungsangebote in der Schweiz nicht gewohnt, Väter gezielt zu begleiten. Für Decurtins ist klar, dass hier Verbesserungsbedarf besteht. «Junge Väter müssen wissen, was die Gesellschaft von ihnen erwartet – aber auch wo sie Unterstützung bekommen können.» Denn: Der junge Mann ist von einer unerwarteten Schwangerschaft genauso oft überfordert wie die junge Frau. Wenn er seine Rolle nicht annimmt, ist das für alle Beteiligten tragisch.

In Fachkreisen ist das Bewusstsein für die Bedeutung der Vaterschaft längst vorhanden: Kinder haben Anrecht auf Kontakt zum Vater, dieser muss nicht nur einen finanziellen Beitrag leisten, sondern hat auch eine Kontakt- und Beziehungsverantwortung.

Für Lalitha Chamakalayil von der Hochschule für Soziale Arbeit der Fachhochschule Nordwestschweiz sind hier auch die Angebote für junge Mütter in der Pflicht. Es gehe darum, eine Auseinandersetzung mit unterschiedlichen Entwürfen von Männlichkeiten und insbesondere mit dem Bild des Vaters als Ernährer zu führen. Dieses ist gemäss der Forschung noch immer sehr präsent und mit hohen Erwartungen an die ökonomische Leistungsfähigkeit des Mannes verbunden.

Eine Liste von Fragen
Es ist überhaupt nicht so, dass junge Väter generell unzuverlässige Erziehungspartner sind. Mehrere Partner der von AMIE betreuten Frauen nehmen ihren Teil der Verantwortung für die Familie wahr und sind bemüht, die Vaterrolle angemessen auszugestalten.

Martin ist also kein Einzelfall. Er ist mit seiner Partnerin letztlich zur Beratung bei Meret Gfeller von AMIE gelandet. «Es stellten sich für die werdenden Eltern viele Fragen zu Themen wie Krankenkasse, Wohnen, Ausbildung, Schule und Sozialhilfe. Wir haben eine Liste zusammengestellt mit einer Folge an Punkten, die nun geklärt werden sollen.» Die Frage nach dem Vaterschaftsurlaub ist da nur ein Thema unter vielen.

Claudio Miozzari ist Historiker und Textredaktor dieses Buches.

* Name geändert

Mythen und Fakten zu junger Mutterschaft

Ein Vergleich internationaler Studien zu junger Mutterschaft zeigt: Die Schweiz ist keine Ausnahme. Junge Mütter kämpfen hier und anderswo gegen Vorurteile.

Von Lalitha Chamakalayil

Das Thema der jungen Elternschaft – womit Väter und Mütter gemeint sind, die in jungen Jahren, meist unter zwanzig, Kinder bekommen – stösst auf grosse öffentliche Aufmerksamkeit. Immer wieder finden sich hierzu Reportagen und Dokumentationen in den Medien. Fast alle Menschen scheinen Meinungen zu Jugendlichen zu haben, die früh Eltern werden.

Dies hat sicher damit zu tun, dass junge Elternschaft ein sehr emotional besetztes Thema ist. Kinder und die Bedingungen ihres Aufwachsens rühren die meisten Menschen an, und der Gedanke, dass gerade der Pubertät entwachsene Jugendliche diese Aufgabe meistern sollen, löst Sorgen und Zweifel aus, insbesondere wenn man sich an die Suchbewegungen, Irrationalitäten und Herausforderungen der eigenen Jugend erinnert.

Immer weniger junge Mütter
Das Feld der jungen Mutterschaft ist geprägt von Mythen, die eine lange Halbwertszeit haben und immer noch wirken und nachwirken. So werden Zahlen zu junger Elternschaft häufig überschätzt. Grundsätzlich lässt sich festhalten, dass die Zahlen zur frühen Mutterschaft in der Schweiz zu den niedrigsten unter den entwickelten Industrieländern gehören. So stellt eine Studie der Unicef (2001) fest, dass die Schweiz zu den fünf Ländern mit den niedrigsten Geburtenraten von Müttern unter zwanzig zählt – gemeinsam mit Korea,

Japan, den Niederlanden und Schweden; die Rate lag bei unter sieben pro tausend Geburten. Rund fünfzehn Jahre später sind die Zahlen noch niedriger: Laut des Bundesamts für Statistik (2017) war 2016 lediglich eine von tausend Schweizer Müttern unter achtzehneinhalb, fünf von tausend waren unter zwanzig. Damit wird deutlich, dass die meisten Frauen, die bei der Geburt unter zwanzig Jahre alt sind, ihr Kind mit achtzehn oder neunzehn Jahren bekommen.

Immer weniger Frauen in der Schweiz sind bei der Geburt ihres ersten Kindes unter neunzehn Jahre alt. Während 1971 noch fast 3500 Geburten auf diese Altersgruppe entfielen, waren es 2016 nur noch gut 440 Geburten. Was also vor zwei Generationen noch relativ normal war, ist nun ein Ausnahmefall. Das Durchschnittsalter, in dem Frauen zum ersten Mal Mutter werden, ist stetig gestiegen: In der Schweiz liegt es bei 30,7 Jahren, in Österreich bei 29,2 Jahren und in Deutschland bei 29,4 Jahren (Eurostat 2018). Kein Wunder, dass junge Mütter heute in der öffentlichen Wahrnehmung ganz besonders jung erscheinen!

Bildung und junge Elternschaft
Eine viel diskutierte Frage ist der Zusammenhang von Bildungsstand und junger Mutterschaft. Eine Studie der Bundeszentrale für gesundheitliche Aufklärung BZgA

(2009) aus Deutschland weist darauf hin, dass sowohl schwangere Frauen unter achtzehn wie auch ihre Partner überproportional häufig in niedrig qualifizierenden Bildungsgängen zu finden sind. Auch in der Schweiz gibt es Hinweise auf einen Zusammenhang. So zeigte Renteria (2008) anhand einer Zusammenstellung der Arbeitsgemeinschaft Schweizer Frauenkliniken, dass die dort erfassten Frauen mit achtzehn Jahren oder jünger einen niedrigeren sozioökonomischen Status hatten als Frauen über achtzehn.

Das Bildungsthema hängt eng zusammen mit der Frage der Perspektiven, die junge Frauen für ihre berufliche Zukunft sehen. So stellte Du Bois-Reymond (2008) fest, dass jugendliche Schwangerschaft in Europa mit einem Mangel an Ausbildungs- und Erwerbsperspektiven zusammenhängt. Ein Mangel an Perspektiven beeinflusst auch das Verhütungsverhalten junger Menschen, wie die BZgA (2009) für Deutschland belegte. Auch in Grossbritannien werden junge Menschen, die in schwierigen Lebenslagen mit wenig finanziellen Ressourcen aufwachsen, die Schule nicht mögen und pessimistisch in ihre Zukunft blicken, mit höherer Wahrscheinlichkeit schwanger (Harden et al 2006). Diese Aussagen lassen sich zwar nicht per se auf den Schweizer Kontext übertragen. Aber auch bei uns muss junge Elternschaft mit Blick auf die strukturellen Rahmenbedingungen diskutiert werden.

Besonders im Fokus

Es ist für Eltern generell nicht einfach, sich in einem Umfeld zurechtzufinden, in dem Elternschaft unterschiedlich und manchmal auch widersprüchlich interpretiert wird, wie dies bei uns heute der Fall ist. Junge Eltern haben es diesbezüglich besonders schwer – sie sind durch die biografische Realität der Elternschaft dazu gezwungen, ihre eigenen Entwicklungsaufgaben in rasantem Tempo zu bewältigen. Dazu zählt nicht nur, die Verantwortung für ein Kind zu übernehmen. Sie müssen sich gleichzeitig auch vom eigenen Elternhaus lösen, mit Veränderungen im sozialen Umfeld umgehen sowie Arbeit und Berufswünsche mit der Elternschaft vereinbaren (vgl. Chamakalayil 2010). Passgenaue Beratung, die an der Lebenswelt junger Menschen ansetzt, kann helfen, die eigenen Erziehungsansätze zu finden.

Jungen Eltern – vor allem aber jungen Müttern – wird die Bewältigung der vielfachen Herausforderungen besonders erschwert. Sie müssen sich mit den an sie herangetragenen Bildern und Stereotypen, die auch mit erreichter Volljährigkeit nicht abbrechen, auseinandersetzen. Harlow (2009) beschreibt das Unbehagen der Öffentlichkeit in Grossbritannien gegenüber der Sexualität Jugendlicher. Diesen wird unterstellt, dass sie nicht fähig seien, sexuelle Beziehungen eigenständig auszuhandeln. Dabei weist Harlow auf Doppelstandards hin: Sexuelle Aktivität von Jungen wird wohlwollender inter-

pretiert als die von Mädchen. Schwangere junge Frauen
sind sichtbare Verkörperungen stattgefundener Sexualität. Sie sind einer Bandbreite von Verurteilungen und
Feindseligkeiten ausgesetzt – in der Schule, in sozialen
und Gesundheitsinstitutionen, in der Nachbarschaft
und auch in ihren Familien – ganz im Widerspruch dazu,
wie sonst gesellschaftlich auf Schwangerschaften reagiert
wird (vgl. McDermott et al 2004). Dies hat Brisanz, da
aufgezeigt werden konnte (z.B. Spies 2008), dass junge
Mütter in Reaktion auf die geschilderten Ressentiments
Beratungskontexte meiden.

Drohende Einsamkeit
Die meisten Eltern befinden sich in einem Umfeld gleich-
altriger Menschen, die sich mit einer Elternschaft auseinandersetzen oder schon Kinder haben. Nicht aber junge Mütter und Väter: Ihre Peers beschäftigen sich mit
anderen Themen. Dies ist eine grosse Herausforderung
in der Arbeit mit jungen Eltern. Oft sind junge Mütter
weitgehend isoliert und haben kaum Freundinnen oder
Freunde, die in ähnlichen Umständen leben. Friedrich
und Remberg (2005, S. 154) schildern die Situation so:
«Sie [junge Mütter] beharren in einer gleichsam trotzigen
Reaktion darauf, solche Kontakte nicht nur nicht zu
brauchen, sondern auch gar nicht anzustreben, da sie …
Erfahrungen mit Unverständnis gemacht haben und auf
Desinteresse an ihrer Situation als junge Mutter gestos-

sen sind. ... Ihre Isolation kompensieren sie mit dem
– aus dieser Sicht wichtigeren – Status als Mutter, der
ihnen über die Verantwortung für ein Kind das Gefühl
des Erwachsenseins vermittelt.» Hier zeigt sich deutlich
die Notwendigkeit von Beratungs- und Betreuungsange-
boten wie AMIE, die Wege aus der Isolation aufzeigen.

Wie gut kann unser Bildungssystem auf die Herausforderungen junger Elternschaft eingehen? In Deutschland,
Österreich und der Schweiz wurden Anstrengungen unternommen, auch benachteiligten Jugendlichen Berufsbildung zu ermöglichen. Die Ausbildung mit eidgenössischem Berufsattest (EBA) in der Schweiz zeichnet sich
in der Analyse von Becker et al (2018) durch die Durch-
lässigkeit in weiterführende Ausbildungen und den qualifizierenden Berufsabschluss aus, der die Chancen auf
dem Arbeitsmarkt erhöht. Von diesem Modell können
auch junge Eltern profitieren. Trotzdem bleibt die Tatsache bestehen, dass sozial-, bildungs- und marktbenach-
teiligte junge Frauen und Männer es besonders schwer
haben, sich am Übergang von der Schule in den Beruf
zu behaupten (vgl. Spies 2006). Sie müssen sich mit geringen Wahlmöglichkeiten abfinden und gleichzeitig eine
Bandbreite an Kompetenzen von Selbstständigkeit bis zu
hoher Motivation mitbringen. Die schwierige Ausgangs-
lage kann zu Verunsicherung, Resignation und Selbst-
stigmatisierung führen (vgl. Spies 2008).

Potenziale junger Elternschaft

Obwohl ihre Lebensumstände sicherlich grosse Herausforderungen für junge Eltern darstellen, ist es wichtig, aus den Umständen der Schwangerschaft und der finanziellen und sozialen Lage keine direkten Rückschlüsse über Erziehungskompetenz, Bindung und Zuneigung zu ziehen: In zahlreichen Studien ist aufgezeigt worden, zum Beispiel von Friedrich und Remberg (2005, S. 353), dass «es einem überraschend grossen Teil der jugendlichen Mütter und Paare gelingt, einzelne Aspekte ihres Lebens für sich und ihre Kinder positiv und zukunftsorientiert zu gestalten». Internationale Studien zeigen auf, dass junge Frauen schulisch und beruflich erfolgreich und ein Vorbild für ihr Kind sein wollen (vgl. Phoenix 1991, Cater & Coleman 2006, SmithBattle 2006).

Zusammenfassend lässt sich also festhalten, dass junge Mutterschaft jungen Frauen viel eröffnen kann: Oft erhalten sie neuen Antrieb aus ihrer Mutterrolle. Junge Männer und Frauen mit Kindern bringen viele Ressourcen mit, an denen begleitende soziale Arbeit ansetzen kann. Und deswegen ist es essenziell wichtig, dass es Institutionen wie AMIE gibt, die junge Frauen nicht nur bei der Berufsorientierung begleiten, sondern auch bei der Gestaltung ihrer neuen Rolle als Mütter unterstützen, welche für sie eine Quelle positiver Identität, sozialer Legitimation und Selbstwert sein kann.

Fokus Wissenschaft

Diplom-Psychologin Lalitha Chamakalayil ist wissenschaftliche Mitarbeiterin am Institut Kinder- und Jugendhilfe der Hochschule für Soziale Arbeit, Fachhochschule Nordwestschweiz. Mütter und Eltern unter zwanzig sind einer ihrer Forschungsschwerpunkte.

Erwähnte Literatur:

Becker, Matthias / Kammermann, Marlise / Spöttl, Georg / Balzer, Lars (Hg.): Ausbildung zum Beruf. Internationaler Vergleich der berufsförmigen Ausbildungskonzepte für benachteiligte Jugendliche. Frankfurt am Main 2018.

Bundesamt für Statistik BFS (2017): Geburten nach Lebensfähigkeit und Alter der Mutter, 2000–2016. Abrufbar unter https://www.bfs.admin.ch/bfs/de/home/statistiken/kataloge-datenbanken/tabellen.assetdetail.2901855.html (Abruf: 16.6.2018)

Bundeszentrale für gesundheitliche Aufklärung BZgA: Forschungsbericht Schwangerschaft und Schwangerschaftsabbruch bei minderjährigen Frauen. Köln 2009.

Cater, Suzanne / Coleman, Lester: ‹Planned› teenage pregnancy. Perspectives of young parents from disadvantaged backgrounds. Bristol 2006.

Chamakalayil, Lalitha: Rückkehr zur ‹Mütterschule›? Anforderungen an die Familienbildung angesichts der Situation einer vernachlässigten Zielgruppe. In: Spies, Anke (Hg.): Frühe Mutterschaft – die Bandbreite der Perspektiven und Aufgaben angesichts einer ungewöhnlichen Lebenssituation. Baltmannsweiler 2010, S.127–146.

Du Bois-Reymond, Manuela: Young parenthood in six European countries. In: Kovacheva, S. (Hg.): Sociological Problems. Special Issue: Work-Life Dilemmas. Changes in work and family life in the enlarged Europe, 2009, S. 158–173.

Eurostat (2018): Lebendgeburten nach Geburtsjahr der Mutter (erreichtem Alter) und gesetzlichem Familienstand. Abrufbar unter http://data.europa.eu/euodp/de/data/dataset/dDHvPBE5u1iYYE0RUzB2pQ (Abruf: 16.6.2018).

Friedrich, Monika / Remberg, Anette / Bundeszentrale für gesundheitliche Aufklärung BZgA (Hg.):

Wenn Teenager Eltern werden…
Lebenssituationen jugendlicher
Schwangerer und Mütter sowie
jugendlicher Paare mit Kind. Köln
2005.

Harden, A. / Brunton, G. /
Fletcher, A. / Oakley, A. / Burchett,
H. / Backhans M.: Young people,
pregnancy and social exclusion.
A systematic synthesis of research
evidence to identify effective, appro-
priate and promising approaches
for prevention and support. London
2006.

Harlow, Elizabeth: Eliciting
narratives of teenage pregnancy
in the UK. Reflexively exploring
some of the methodological chal-
lenges. In: Qualitative Social Work.
Issue 2, vol. 8, 2009, 211–228.

McDermott, E. / Graham, H. /
Hamilton, V.: Experiences of being
a teenage mother in the UK. A
report of a systematic review of
qualitative studies. Glasgow 2004.

Phoenix, Ann: Young Mothers?
Cambridge 1991.

Renteria, Saira-Christine:
Schwangerschaft und Geburt bei
Jugendlichen in der Schweiz. Teil 1:
Besonderheiten im Beratungs- und
Betreuungsprozess. In: Gynäkologie.
Heft 6, 2008, S.10–12.

SmithBattle, Lee: Helping teen
mothers succeed. In: The Journal of
School Nursing. Issue 3, vol. 22,
2006, S. 130–135.

Spies, Anke: ‹Unterricht ist eben
nur ein kleiner Teil…› Beratung
für benachteiligte Mädchen, Jungen
und ihre Eltern in der Berufsorien-
tierungsphase. In: Spies, Anke /
Tredop, Dietmar (Hg.): ‹Risikobio-
grafien›. Benachteiligte Jugendliche
zwischen Ausgrenzung und Förder-
projekten. Wiesbaden 2006,
S. 237–254.

Spies, Anke: Zwischen Kinder-
wunsch und Kinderschutz. Babysi-
mulatoren in der pädagogischen
Praxis. Wiesbaden 2008.

Unicef (Hg.): A league table of
teenage births in rich nations.
Innocenti Report Card, Issue 3,
2001. Abrufbar unter https://
www.unicef-irc.org/publications/
328-a-league-table-of-teenage-
births-in-rich-nations.html (Abruf:
21.7.2018).

Dank

Über dreissig junge Mütter aus der ganzen Deutschschweiz haben für die Bilder und Texte dieser Publikation ihre Lebenswelten mit uns geteilt. Ihnen gilt unser Respekt und unser grosser, aufrichtiger Dank.

Danke an das Team des Christoph Merian Verlags für die Zusammenarbeit.

Danke Fleur Jaccard und Sandra Engeler von der Christoph Merian Stiftung für die Unterstützung.

Ebenso ein herzliches Dankeschön an Philipp Christen von der Albert Koechlin Stiftung, an die Sulger-Stiftung und an die Swisslos-Fonds Basel-Stadt, Basel-Landschaft, Aargau und Solothurn.

Weiter möchten wir uns bei Lu Decurtins, Meret Gfeller, Florence Cueni und Heidi Simoni für ihre fachkundigen Auskünfte bedanken.

Dem Vorstand von AMIE Basel danken wir für die ideelle Unterstützung. Danke Petra Dokić, Miriam Glass und Aurelia Meier für die punktuelle Mitarbeit.

Ein weiteres grosses Dankeschön gilt unseren Partnerinnen und Partnern bei Projekt Junge Mütter (Bern), MiA-Innerschweiz und AMIE Zürich.

Impressum

Diese Publikation wurde ermöglicht durch Beiträge der Christoph Merian Stiftung, der Bürgergemeinde der Stadt Basel, der Albert Koechlin Stiftung, der Sulger-Stiftung und der Swisslos-Fonds Basel-Stadt, Basel-Landschaft, Aargau und Solothurn.

Bibliografische Information der Deutschen Nationalbibliothek: Die Deutsche Nationalbibliothek verzeichnet diese Publikation in der Deutschen Nationalbibliografie; detaillierte bibliografische Daten sind im Internet über http://dnb.dnb.de abrufbar.

© 2018
Christoph Merian Verlag

Impressum

Herausgeberin:
Verein AMIE Basel
Projektleitung:
Franziska Reinhard
*Fotografie, Filmstills
und Lithografie:*
Daniel Infanger
Textporträts:
Martina Rutschmann
Sachtexte:
Lalitha Chamakalayil,
Nicolas Galladé,
Claudio Miozzari,
Benedikt Pfister,
Franziska Reinhard,
Martina Rutschmann
Textredaktion:
Thilo Mangold,
Claudio Miozzari,
Benedikt Pfister
Lektorat:
Céline Steiner
Konzept und Gestaltung:
Sarah Infanger
Druck:
Odermatt AG, Dallenwil

Bindung:
Bubu AG, Mönchaltorf
Schrift:
New Century Schoolbook
Papiere:
Lessebo rough natural
120 g/m^2 (Inhalt), Lessebo
rough natural 240 g/m^2
(Umschlag), Invercote G
200 g/m^2 (Schutzumschlag)

ISBN 978-3-85616-878-0
www.merianverlag.ch